Web Forms

Holger Schwichtenberg

Web Forms

Webprogrammierung mit ASP.NET

ADDISON-WESLEY

An imprint of Pearson Education

München • Boston • San Francisco • Harlow, England
Don Mills, Ontario • Sydney • Mexico City
Madrid • Amsterdam

Die Deutsche Bibliothek – CIP-Einheitsaufnahme

Ein Titeldatensatz für diese Publikation ist bei
Der Deutschen Bibliothek erhältlich.

Umwelthinweis:
Dieses Produkt wurde auf chlorfrei gebleichtem Papier gedruckt.
Die Einschrumpffolie – zum Schutz vor Verschmutzung – ist aus umweltverträglichem
und recyclingfähigem PE-Material.

5   4   3   2   1

05   04   03   02

ISBN 3-8273-2010-0

© 2002 by Addison-Wesley Verlag,
ein Imprint der Pearson Education Deutschland GmbH,
Martin-Kollar-Straße 10–12, D-81829 München/Germany
Alle Rechte vorbehalten
Einbandgestaltung: Barbara Thoben, Köln
Lektorat: Christine Auf, cauf@pearson.de; Tobias Draxler, tdraxler@pearson.de
Korrektorat: Astrid Schürmann, Düsseldorf
Herstellung: Monika Weiher, mweiher@pearson.de
Satz: reemers publishing services gmbh, Krefeld, www.reemers.de
Druck und Verarbeitung: Media-Print, Paderborn
Printed in Germany

Inhalt

Vorwort

Mit den Active Server Pages (ASP) war Microsoft 1996 Vorreiter bei der Ablösung der komplexen CGI-Programmierung durch eine einfachere, skriptsprachenbasierte Webserver-Middleware. ASP hat signifikante Marktanteile erobern können und war Vorbild für andere serverseitige Webentwicklungsplattformen wie Java Server Pages (JSP) und die beliebte Open-Source-Lösung »PHP«.

ASP

Mit den Webforms in Active Server Pages .NET (ASP.NET) hat Microsoft nun wieder ein Programmiermodell veröffentlicht, das die Entwicklung von Webanwendungen ein Stück näher an die Mächtigkeit und Einfachheit der Entwicklung von Desktop-Anwendungen heranbringt.

ASP.NET

Was drin ist

Dieses Buch ist eine detaillierte Darstellung des Webforms-Programmiermodells und der serverseitigen Entwicklung von Webanwendungen mit ASP.NET. Angefangen von einem einfachen Seitenübergang über datengebundene Formulare bis hin zum State Management in webbasierten Anwendungen werden alle zentralen Themen behandelt. Das Buch setzt Visual Studio .NET nicht voraus, denn Sie können ASP.NET-Webseiten auch mit »Visual« Notepad entwickeln – ASP.NET ist als Teil des .NET Frameworks kostenlos. Dass Sie sich das Entwicklerleben mit einer kostenpflichtigen Lizenz der neuesten Entwicklungsumgebung aus dem Hause Microsoft allerdings verschönern können, will ich Ihnen dennoch aufzeigen.

Programmiermodell

Setzt man die vielfältigen Möglichkeiten von ASP.NET in Beziehung zum Buchumfang, so dürfte klar sein, dass dieses Buch keineswegs alle Möglichkeiten von ASP.NET erwähnen kann. Ich setze mehr darauf, Ihnen zentrale Konzepte anhand praktischer Beispiele zu erläutern, anstatt Ihnen jede (mehr oder weniger) wichtige Option zu erläutern.

Fokussierung

Was nicht drin ist

Damit Sie nicht enttäuscht sind, möchte ich ganz klar benennen, was Sie in diesem Buch **nicht** finden werden:

Verweise

1. Eine allgemeine Einführung in die .NET-Strategie oder das .NET Framework (siehe dazu [WES02a])

2. Eine Einführung in Visual Basic .NET (dieses Buch setzt voraus, dass Sie rudimentäre Kenntnisse in mindestens einer .NET-Sprache, vorzugsweise Visual Basic .NET, haben (siehe dazu [WES02a]))

3. Eine Einführung in die Entwicklung webbasierter Anwendungen (auch das sollten Sie schon einmal getan haben; wenn nicht, empfehle ich [BAY02])

4. Tiefergehende Erläuterungen zum Datenzugriff mit .NET. ADO.NET ist in diesem Buch nur als Hilfsmittel in einem Kapitel zu finden. (Mehr zu ADO.NET finden Sie in einem anderen Band der Reihe .NET Essentials [WES02b].)

5. Die Beschreibung der 2246 öffentlichen Klassen aus der .NET-Klassenbibliothek (.NET Framework Class Library). Für einen Einblick in die Möglichkeiten der .NET-Klassenbibliothek seien Sie auf mein Buch [SCH02a] verwiesen.

6. Auch wenn Webservices ein Teil von ASP.NET sind, sind sie in diesem Buch ausgeklammert, da es hier um Webforms geht.

Damit dürften Zielsetzung und Rahmen dieses Buchs abgesteckt sein und es kann losgehen …

Viel Spaß bei der Lektüre wünscht Ihnen

Holger Schwichtenberg
Essen-Byfang, im Juli 2002

Website zum Buch P.S.: Wenn Sie Fragen und Anregungen haben oder einen Fehler in diesem Buch finden (hoffentlich nicht …), dann besuchen Sie mich doch mal auf *http://www.dotnet-essentials.de*. Hier finden Sie auch den Programmcode aus diesem Buch.

1 Schnelleinstieg ASP.NET

ASP.NET ist die Weiterentwicklung der Active Server Pages (ASP) im Rahmen des .NET Frameworks (Next Generation Windows). Zwischenzeitlich wurde ASP auch *ASP Next Generation (ASPng)* und *ASP+* genannt. ASP.NET bietet gegenüber dem klassischen ASP (und vergleichbaren Webentwicklungsplattformen wie PHP und JSP) ein anderes Programmiermodell.

Weiterentwicklung von ASP

Das ASP.NET-Programmiermodell ist ereignisbasiert und macht die Entwicklung von Webanwendungen der Entwicklung von Windows32-Anwendungen mit Visual Basic 6.0 sehr ähnlich. Das Programmiermodell von ASP.NET wird realisiert auf Basis mächtiger serverseitiger Steuerelemente, die zur Laufzeit in die Hypertext Markup Language (HTML) umgesetzt werden.

Ereignisbasiertes Programmiermodell

Eine Website in ASP.NET heißt *Webform*. Eine ausführliche Einführung in Theorie und Praxis der Webforms folgt in Kapitel 6. Ein einfaches Beispiel wird Ihnen aber schon in diesem Kapitel einen guten Eindruck von den Webforms geben.

Webforms

Das Programmiermodell soll Ihnen an einer einfachen Aufgabe demonstriert werden, die zunächst in klassischem ASP und dann in ASP.NET gelöst wird: Ein Benutzer sieht eine Webseite mit einem Eingabefeld zur Eingabe seines Namens und einem Button. Wenn er auf den Button klickt, wird er mit der aktuellen Uhrzeit begrüßt.

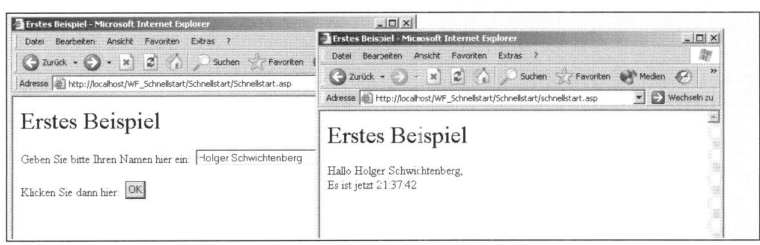

Abbildung 1.1: Eingabemaske und Ausgabe für das Beispiel

1.1 Lösung im klassischen ASP

Das folgende Listing zeigt die Lösung im klassischen ASP, wobei ganz bewusst eine Ein-Seiten-Lösung gewählt wurde, obwohl die Veränderung des Seiteninhalts so groß ist, dass man grundsätzlich besser die Ausgabeseite in einer getrennten ASP-Seite implementiert hätte. Hier allerdings soll die typische Fallunterscheidung gezeigt werden: Nach

.asp

Ausgabe der Überschrift wird geprüft, ob auf der aufrufenden Seite ein Feld mit Namen »B_OK« war, das den Wert »OK« übergeben hat. Wenn dies nicht der Fall war, wird das Formular ausgegeben. Sonst wird aus dem Inhalt des übergebenen Felds »F_Name« die Begrüßung generiert.

```
<%@ language="vbscript" %>
<!DOCTYPE HTML PUBLIC "-//W3C//DTD HTML  4.0  Transitional//EN">
<HTML>
<HEAD><title>Erstes Beispiel</title></HEAD>
<body>
<P><FONT size="6">Erstes Beispiel</FONT></P>
<p>
<% if Request("B_OK") <> "OK" then %>
<form id="Form1" method="post" action="schnellstart.asp">
<P>
Geben Sie bitte Ihren Namen hier ein:  <input type="text"
name="F_Name" size="30" value="Holger Schwichtenberg">
<P>
Klicken Sie dann hier:  <input type="submit" name="B_OK"
value="OK"></P>
<P> </P>
</form>
<%else%>
<P>Hallo
<%=Request("F_Name")%>,<br>
Es ist jetzt <%=time%></P>
<%end if%>
</body>
</HTML>
```

Listing 1.1: Klassische Lösung in schnellstart.asp

1.2   Lösung mit Webforms

.aspx Genau die gleiche kleine Anwendung soll nun mit den Webforms von ASP.NET realisiert werden. Ein Webform hat die Dateiextension *.aspx*. Typisch für ein Webform ist die Trennung von HTML-Code und Programmcode. In dem ersten Beispiel ist der Code zunächst nur in zwei Blöcke innerhalb einer Datei getrennt; in dem darauf folgenden Beispiel wird der Code dann in eine getrennte Datei ausgelagert werden.

Anstelle der HTML-Eingabesteuerelemente enthält das Webform so genannte Webcontrols. Dies sind Tags mit dem Namespace »asp« und dem Attribut runat="server":

```
<asp:TextBox id="F_Name" runat="server" Width="202px">...</
asp:TextBox>
<asp:Button id="B_OK" onclick="B_OK_Click"   runat="Server" Text="OK">
</asp:Button>
```

Daneben sind auch zwei Elemente der Webseite nun Steuerelemente, die vorher einfacher statischer HTML-Text waren. Ein `Label`-Control wird für Ausgaben verwendet, die veränderbar sein sollen:

```
<asp:Label id="L_Schritt1" runat="server">...</asp:Label>
```

Webcontrols werden durch ASP.NET in HTML umgesetzt, bevor die Webseite zum Client geschickt wird. Der Client sieht nichts von den serverseitigen Controls außer einem versteckten Eingabefeld mit Namen »__VIEWSTATE«. Dazu aber später mehr. **Umsetzung in HTML**

```
<input type="hidden" name="__VIEWSTATE"
value="dDwxOTk5MjczNTYxOzs+f8n3J2UJcpfGqMjtn2o9OecFfsU=" />
```

Serverseitige Controls können mit Ereignisbehandlungsroutinen innerhalb des Code-Blocks verbunden werden. Anders als beim klassischen ASP wird bei Webforms immer zunächst dieselbe ASPX-Datei wieder aufgerufen. Die Wahl, durch das `Action`-Attribut direkt zu einer anderen Datei zu navigieren, gibt es in Webforms nicht. Beim erneuten Aufruf der Seite werden dann alle Ereignisbehandlungsroutinen für die seit dem letzten Aufruf eingetretenen Ereignisse aufgerufen. **Ereignisbehandlung**

Die serverseitigen Controls sind für den Programmcode Objekte mit Attributen, Methoden und Ereignissen. Die Ausgabe wird nicht mehr wie im klassischen ASP durch das sequentielle Hinausschreiben von HTML-Code gesteuert, sondern durch die Veränderung von Attributen der Objekte. So werden in dem folgenden Code die Beschriftung eines `Label`-Controls und die Sichtbarkeit des Buttons und des anderen `Label`-Controls beeinflusst. **Objekte**

```
<%@ Page Language="vb"%>

<!DOCTYPE HTML PUBLIC "-//W3C//DTD HTML 4.0 Transitional//EN">
<HTML>
<HEAD><title>Erstes Beispiel</title></HEAD>
<body>
<form id="Form1" method="post" runat="server">
<P><FONT size="6">Erstes Beispiel als Webform</FONT></P>
<P>
<asp:Label id="L_Schritt1" runat="server">
Geben Sie bitte Ihren Namen hier ein:</asp:Label> 
<asp:TextBox id="F_Name" runat="server" Width="202px">
Holger Schwichtenberg</asp:TextBox></P>
<P><asp:Label id="L_Schritt2" runat="server">Klicken Sie dann hier:
</asp:Label> 
<asp:Button id="B_OK"  runat="server" Text="OK"></asp:Button></P>
<P> </P>
</form></body></HTML>
```

```
<script language="vb" runat=server>
Private Sub B_OK_Click(ByVal sender As System.Object, ByVal e As
System.EventArgs)
   Dim Name As String
   Dim Zeit As Date

   ' Wert auslesen
   Name = F_Name.Text
   Zeit = DateTime.Now

   ' Neuer Text
   L_Schritt1.Text = "Hallo " & Name & ",<br>" & _
   "es ist jetzt " & Zeit.ToString("T") & " Uhr!"

   ' Elemente ausblenden
   F_Name.Visible = False
   L_Schritt2.Visible = False
   B_OK.Visible = False
End Sub
</script>
```

Listing 1.2: Lösung mit einem Single-File-Webform in schnellstart_sf.aspx

Abwärtskompatibilität

> Auch in einem Webform steht Ihnen noch das traditionelle Program-
> miermodell zur Verfügung: Sie können Code mischen und auf die
> Inhalte der Eingabefelder statt über die Steuerelement-Objekte auch
> über das Request-Objekt zugreifen.

1.3 Lösung mit Webforms und Code-Behind-Datei

Die enge Verzahnung von Layout und Code war einer der Hauptkritik-
punkte am Programmiermodell des klassischen ASP. Die Zusammenarbeit zwischen Webdesigner und Programmierer gestaltete sich mit
dieser Vermischung schwierig. Und ein rein optisches Redesign einer
ASP-Anwendung erforderte fast immer auch wieder Entwicklerkapazi-
täten.

Code-Behind-Datei
Das vorherige Beispiel hat bereits die Trennung von HTML-Code und
Programmcode in zwei Blöcke gezeigt. ASP.NET geht aber noch einen
Schritt weiter und erlaubt die Trennung von HTML-Code und Pro-
grammcode in zwei verschiedene Dateien. Der Webdesigner bearbeitet
die ASPX-Seite, während der Entwickler seinen Code in eine so
genannte Code-Behind-Datei (Dateiextension abhängig von der Spra-
che, z. B. *.aspx.vb* oder *.aspx.cs*) ablegt. Durch Vererbung wird dann zur
Laufzeit eine Mischung beider Dateien erreicht. Details dazu erfahren
Sie in Kapitel 4.4).

```
<%@ Page Language="vb" Codebehind="Schnellstart_cb.aspx.vb"
Inherits="WF_Schnellstart.Schnellstart_CB "%>
<!DOCTYPE HTML PUBLIC "-//W3C//DTD HTML 4.0 Transitional//EN">
<HTML>
<HEAD><title>Erstes Beispiel</title></HEAD>
<body>
<form id="Form1" method="post" runat="server">
<P><FONT size="6">Erstes Beispiel als Webform</FONT></P>
<P><asp:Label id="L_Schritt1" runat="server">
Geben Sie bitte Ihren Namen hier ein:</asp:Label> 
<asp:TextBox id="F_Name" runat="server" Width="202px">
Holger Schwichtenberg</asp:TextBox></P>
<P><asp:Label id="L_Schritt2" runat="server">Klicken Sie dann hier:
</asp:Label> 
<asp:Button id="B_OK" runat="server" Text="OK"></asp:Button></P>
<P> </P>
</form>
</body>
</HTML>
```

Listing 1.3: ASPX-Datei [Schnellstart_cb.aspx]

```
Public Class Schnellstart_CB
    Inherits System.Web.UI.Page
    Protected WithEvents F_Name As System.Web.UI.WebControls.TextBox
    Protected WithEvents L_Schritt1 As System.Web.UI.WebControls.Label
    Protected WithEvents B_OK As System.Web.UI.WebControls.Button
    Protected WithEvents L_Schritt2 As System.Web.UI.WebControls.Label

    Private Sub B_OK_Click(ByVal sender As System.Object, ByVal e As
    System.EventArgs) Handles B_OK.Click
    Dim Name As String
    Dim Zeit As Date
    ' Wert auslesen
    Name = F_Name.Text
    Zeit = DateTime.Now
    ' Neuer Text
    L_Schritt1.Text = "Hallo " & Name & ",<br>" & _
    "es ist jetzt " & Zeit.ToString("T") & " Uhr!"
    ' Elemente ausblenden
    F_Name.Visible = False
    L_Schritt2.Visible = False
    B_OK.Visible = False
    End Sub

End Class
```

Listing 1.4: Inhalt der Code-Behind-Datei Schnellstart_cb.aspx.vb

2   ASP vs. ASP.NET

Webforms sind aber nicht die einzige Neuerung in ASP.NET. Dieses Kapitel nennt die wichtigsten Unterschiede zum klassischen ASP. Sie sollten dieses Kapitel aber auch dann lesen, wenn Sie ASP nicht kennen, denn Sie erhalten einen guten Eindruck der Fähigkeiten von ASP.NET.

Die wichtigsten Unterschiede

1. ASP.NET ist nicht mehr auf Active Scripting-Sprachen beschränkt, sondern jede .NET-fähige Sprache kann verwendet werden, um ASP.NET-Seiten zu schreiben (z.B. C#, Visual Basic .NET und JScript .NET). Damit können auch Sprachen zum Einsatz kommen, die eine bessere Objektorientierung und eine strenge Typisierung bieten. **Sprache**

2. Der Code in ASP.NET-Seiten wird nicht interpretiert, sondern beim ersten Aufruf in die Microsoft Intermediate Language (MSIL) kompiliert. Der MSIL-Code wird dann bei der Ausführung vom Just-in-Time-Compiler in die jeweilige plattformspezifische Sprache verwandelt.

3. ASP.NET ist viel schneller als das klassische ASP (aufgrund der Kompilierung).

4. Pro ASPX-Seite kann nur noch eine Programmiersprache verwendet werden. Dies kann umgangen werden durch die Erstellung benutzerdefinierter Web-Steuerelemente.

5. Layout (HTML-Code) und Programmcode können in zwei verschiedene Dateien aufgeteilt werden, wie dies in anderen Umgebungen (z.B. Visual Basic 6.0, VBA) auch möglich war. Dies nennt man Code-Behind-Modell. **Trennung von Code und Layout**

6. ASP.NET besitzt ein objektorientiertes, ereignisbasiertes Programmiermodell, das die Entwicklung von Webanwendungen der Entwicklung von Windows32-Anwendungen mit Visual Basic 6.0 sehr ähnlich macht. Dieses Programmiermodell wird realisiert auf Basis mächtiger serverseitiger Steuerelement-Objekte, die zur Laufzeit auf dem Server in die Hypertext Markup Language (HTML) umgesetzt werden. Zu den Steuerelement-Objekten gibt es Ereignisse, die auf dem Server behandelt werden. **Ereignisse**

7. Ein Seitenübergang von einer zur nächsten Webseite erfolgt in ASP.NET so, dass zunächst die aktuelle Seite erneut aufgerufen wird, damit die dort hinterlegten Ereignisbehandlungsroutinen ausgeführt werden können. Erst nachdem diese abgearbeitet wurden,

erfolgt (wahlweise serverseitig oder durch einen clientseitigen Redirect) der Aufruf der nächsten Seite. Dies nennt man *Postback-Architektur*.

Validierung   8. Einige der serverseitigen Steuerelemente dienen der Validierung und machen die Routineaufgabe der Prüfung von Benutzereingaben viel einfacher.

Datenbindung   9. ASP.NET unterstützt datengebundene Steuerelemente (wie aus Visual Basic 6.0 bekannt), die es mit wenig Programmieraufwand ermöglichen, Daten als Webseite anzuzeigen und sogar dort zu ändern.

State Management   10. Durch ein verstecktes Formularfeld namens »Viewstate« ermöglicht ASP.NET in Webforms ein State Management für die Inhalte von Formularfeldern beim Selbstaufruf eines Formulars. Der Viewstate ist die Zusammenfassung der Zustände aller Steuerelemente.

11. ASP.NET bietet für die Speicherung von Zuständen zwischen Seitenübergängen alternativ zur Verwendung von Cookies ein Session Management auf Basis von automatisch generierten eindeutigen Zeichenketten in dem URL.

.NET-Integration   12. Das Objektmodell der Intrinsic Objects wurde erweitert. Es gibt ein zentrales Intrinsic Object `Page`, von dem alle anderen Intrinsic Objects abhängen. Zum Teil wurden die Mitglieder der früheren Intrinsic Objects (`Response`, `Request`, `Server`, `Application`) geändert.

13. ASP.NET kann nicht nur COM-Komponenten, sondern auch die wesentlich einfacher administrierbaren .NET-Komponenten verwenden. Die .NET-Klassenbibliothek (.NET Framework Class Library – FCL) bietet zahlreiche .NET-Klassen, die die Webserver-Programmierung vereinfachen.

WebServices   14. ASP.NET unterstützt die Programmierung von WebServices, die per SOAP angesprochen werden können (siehe dazu [WEY02a]).

Konfiguration   15. Konfigurationsinformationen für eine Web-Anwendung werden nun nicht mehr in der Internet Information Server-Metabase (oder in der Registry), sondern in einem Textfile mit Namen *web.config* gespeichert. Die Konfiguration ist daher einfacher geworden, weil für den Entwickler kein Zugriff auf den IIS-Manager mehr nötig ist. Außerdem kann eine Webanwendung durch einfaches Kopieren installiert werden.

16. ASP.NET-Anwendungen sind grundsätzlich voneinander isoliert; sie laufen in verschiedenen Application Domains. Unterschiedliche Anwendungen können so parallel mit verschiedenen Versionen einer Komponente arbeiten.

17. ASP.NET bietet über die im IIS eingebauten Authentifizierungs-mechanismen hinaus zwei weitere: per HTML-Formular oder Microsoft Passport.

Authentifizierung

18. ASP.NET bietet zwei Caching-Mechanismen zur zeitgesteuerten Zwischenspeicherung von ganzen Seiten oder einzelnen Werten.

Caching

19. ASP.NET bietet wesentlich aussagekräftigere Fehlermeldungen und einen noch ausführlicheren Tracing-Modus.

Dateiextension

20. Die Dateierweiterung für ASP.NET-Seiten ist *.aspx*. Die herkömmlichen *.asp*-Seiten funktionieren weiterhin.

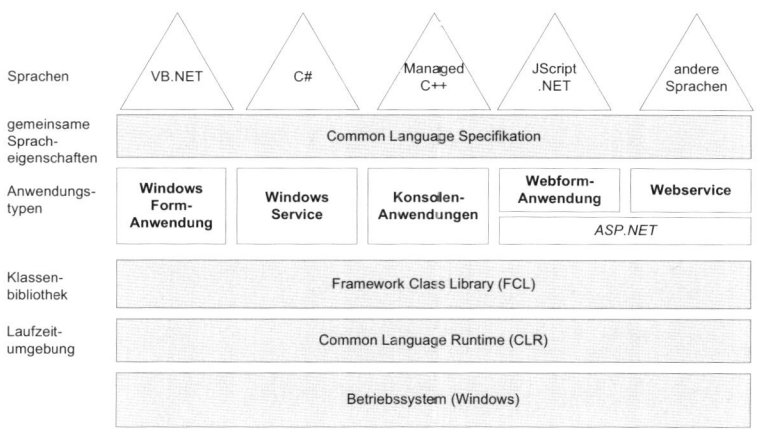

Abbildung 2.1: Anwendungstypen im .NET Framework

Tabellarischer Überblick

Die folgende Tabelle stellt die Unterschiede zwischen ASP und ASP.NET noch einmal übersichtlich gegenüber.

	ASP klassisch	ASP.NET
Sprachen pro Seite	Beliebig viele	Eine (aber: in eingebundenen User Controls kann andere Sprache verwendet werden)
Verwendbare Sprachen	Active Scripting-Sprachen (Active Scripting Engines)	Alle CLS-kompatiblen Sprachen (».NET-Sprachen«)
Ausführungsart	Interpretierung	Kompilierung in MSIL Just-in-Time-Kompilierung in Native Code

Tabelle 2.1: ASP versus ASP.NET

	ASP klassisch	ASP.NET
<% %> Block	Beliebiger Code	Darf keine Variablen/Unterroutinendefinitionen enthalten
<script runat= "server"> Block	Beliebiger Code	Darf Code nur in Unterroutinen enthalten.
Verarbeitungsmodell	Sequentiell	Ereignisbasiert
Steuerelemente	HTML-Steuerelemente	HTML-Steuerelemente Serverbasierte HTML-Steuerelemente Serverbasierte Webcontrols
Dateiextension	*.asp*	*.aspx* (Windows Form) *.ascx* (User Control)
Dateiextension für globale Ereignis-Datei	*.asa*	*.asax*
Ausführungsart	Interpretiert	Kompiliert (vorkompiliert oder automatische Kompilierung beim ersten Aufruf)
Verwendbare Komponenten	COM-Komponenten (via IDispatch)	.NET-Komponenten COM-Komponenten (via IDispatch) COM-Komponenten (via IUnknown)
Bevorzugte Datenbankschnittstelle	ADO	ADO.NET
State Management für Formularfelder beim Postback	Keins	Hidden Field »Viewstate«
State Management für Seitenübergänge	Basiert auf Cookies	Cookies oder URL-Rewriting
Konfiguration	IIS-Metabase	XML-Dateien (*web.config*)
Entwicklungsumgebung	Visual InterDev	Visual Studio .NET 2002
	jeder ASCII-Texteditor	Microsoft Web Matrix (Freeware)
		jeder ASCII-Texteditor
Debugger	Microsoft Script Debugger Visual InterDev	Visual Studio .NET CLR Debugger

Tabelle 2.1: ASP versus ASP.NET (Fortsetzung)

Entwicklungswerkzeuge

Visual Studio .NET Genauso wie klassische ASP-Anwendungen können auch ASP.NET-Anwendungen ohne eine Entwicklungsumgebung entwickelt werden; ein beliebiger Texteditor reicht aus. Allerdings ist die Entwicklung mit Visual Studio .NET wesentlich komfortabler, zumal die Entwicklung von ASP.NET-Anwendungen mit einem einfachen Editor zum Teil schwerer zu beherrschen ist als das klassische ASP. Visual Studio .NET enthält einen komfortablen grafischen Designer für einfache HTML-/ ASP-Seiten und ASP.NET-Webforms.

Auch das Debuggen von ASP.NET ist ohne die Visual Studio .NET-Entwicklungsumgebung möglich. Dazu liefert Microsoft den Debugger *DbgCLR.exe* kostenlos mit dem .NET SDK. Dieser Debugger ist fast so komfortabel wie der Debugger in VS.NET.

Debugger

Mit Microsoft ASP.NET Web Matrix 1.0 bietet Microsoft auch ein Freeware-Werkzeug an, das eine abgespeckte Version der ASP.NET-Entwicklungswerkzeuge aus Visual Studio .NET darstellt.

ASP.NET Web Matrix

Migration

Es gibt keinen Migration-Wizard von ASP zu ASP.NET, weil die Änderungen sehr weitreichend sind. Visual Studio .NET bietet lediglich die Hilfe, beim Ändern der Dateiextension von *.asp* zu *.aspx* auf Wunsch automatisch eine Code-Behind-Datei anzulegen. Während eine syntaktische Migration von ASP zu ASP.NET eine überschaubare Aufgabe ist, kommt die Überführung in das Webforms-Programmiermodell einer Neuimplementierung gleich.

Koexistenz

ASP und ASP.NET können auf einem IIS – auch innerhalb einer Webanwendung – koexistieren. Allerdings gibt es keine Interoperabilität auf Objektebene, d.h. insbesondere, dass ASP und ASP.NET nicht die gleichen `Session`- und `Application`-Collections besitzen und auf diese Weise keine Daten austauschen können. Der Austausch ist aber sehr wohl auf Basis der üblichen Möglichkeiten von HTTP (Querystring, HTTP-Header, Cookies) möglich.

3 Architektur und Installation von ASP.NET

Dieses Kapitel geht kurz auf die Architektur von ASP.NET ein und beschäftigt sich dann mit der Installation von ASP.NET und von mit ASP.NET erstellten Webanwendungen.

3.1 Architektur

Die Implementierung von ASP.NET besteht aus drei Kernbestandteilen:

1. Einer Internet Information Server API (ISAPI) Server Extension (*aspnet_isapi.dll*), die die Verarbeitung für alle ASP.NET-Dateien (Dateiextension *.aspx, .asax, .asmx, .config, .vb, .cs, .js* etc.) enthält.

2. Einem ISAPI-Filter, der die Erweiterungen des IIS hinsichtlich der Sicherheit enthält. Der ISAPI-Filter hat den Namen »ASP.NET_1.0. 3705.0« und wird ausgeliefert in *aspnet_filter.dll*.

3. Dem *ASP.NET Worker-Prozess:* Der Worker Prozess ist realisiert in der Datei *aspnet_wp.exe*. Dieser Prozess läuft im Hintergrund unter dem Benutzerkonto »ASPNET«, das bei der Installation des .NET Frameworks eingerichtet wird. *aspnet_wp.exe* ist einer der drei derzeit verfügbaren .NET Runtime Hosts (neben dem Shell Host und dem Internet Explorer Host).

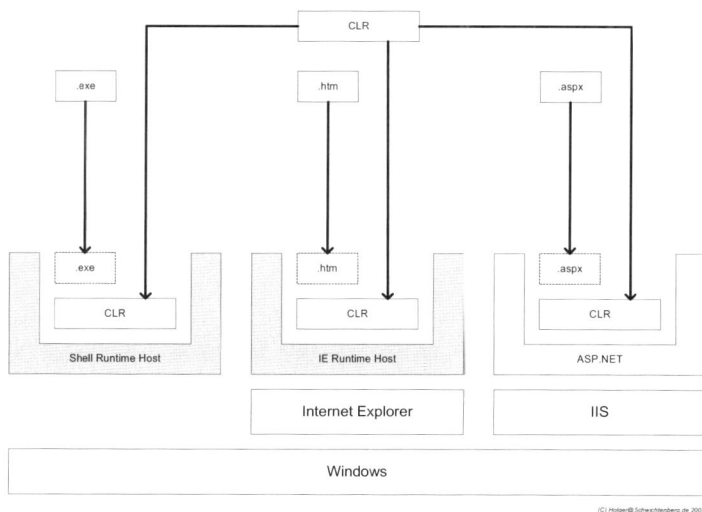

Abbildung 3.1: NET Runtime Hosts

HTTP Handler

Beide DLLs und die EXE sind klassischer Windows Code, kein Managed Code und auch keine COM-Komponenten. Dennoch ist natürlich die Installation der .NET-Laufzeitumgebung Voraussetzung für die Ausführung von ASP.NET-Webseiten. Die so genannten HTTP Handler, die die Anfrage nach einzelnen Seiten beantworten, sind Managed Code (siehe Abbildung 3.2).

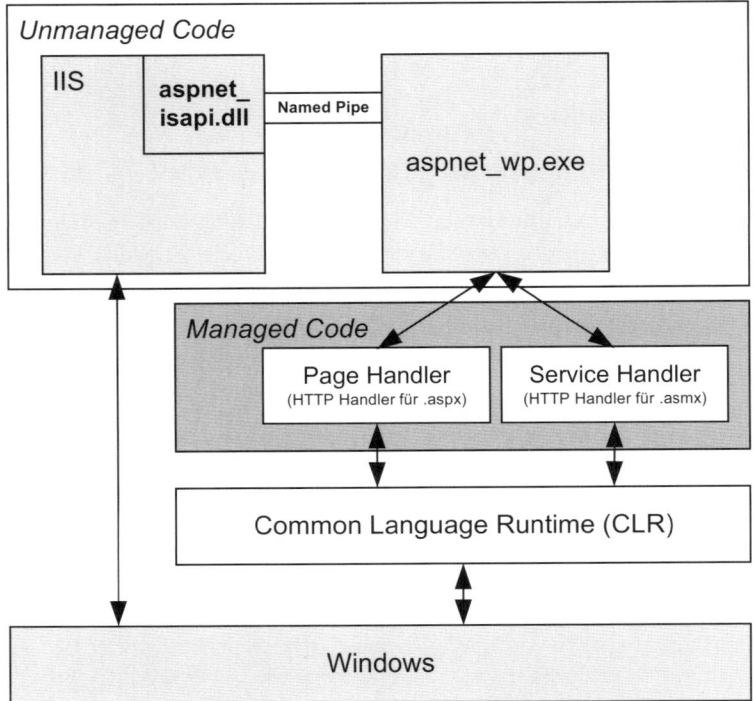

(C) Holger@Schwichtenberg.de 2002

Abbildung 3.2: Architektur von ASP.NET im IIS

3.2   Installation von ASP.NET

ASP.NET wird durch das Setup des .NET Frameworks automatisch installiert, wenn auf dem Computer ein IIS bereits vorhanden ist. Auf dem IIS müssen die Frontpage-Servererweiterungen installiert und konfiguriert sein – dies erledigt das Setup des Frameworks nicht.

IIS ab Version 5.0

ASP.NET kann nicht im Internet Information Server 4.0 (in Windows NT 4.0) oder im Personal Web Server (Windows 9x) verwendet werden. ASP.NET unterstützt nur den IIS 5.0 (Windows 2000) und den IIS 6.0 (Windows XP und Windows .NET).

> Es gibt bereits Web Hosting Provider, die ASP.NET anbieten. Eine
> Liste dieser Provider finden Sie auf *www.asp.net*.

Installation der Client-Skripte

Einige Webcontrols verwenden optional clientseitiges JavaScript. Dafür **Client-Skripte**
benötigt ASP.NET eine 429 Codezeilen lange Bibliothek mit JavaScript-
Funktionen, deren »inline« Einbindung in jede betroffene HTML-Seite
viel überflüssigen Ballast bedeuten würde. Damit diese Bibliothek in den
erzeugten Webseiten per Referenz verwendet werden kann, muss sie in
jedem virtuellen Webserver erreichbar sein. Bei der Installation des .NET
Frameworks wird in jedem Wurzelverzeichnis ein Unterverzeichnis
/aspnet_client/system_web/1_0_3705_0/ angelegt. Dort liegen auch zwei
weitere, kleinere Bibliotheken zur Unterstützung der Smart Navigation.

> Um dieses Verzeichnis mit den Bibliotheken auf neu angelegten vir-
> tuellen Webservern zu installieren, können Sie ein mit dem .NET
> Framework mitgeliefertes Werkzeug einsetzen: `aspnet_regiis.exe /c`

3.3 Installation einer ASP.NET-Anwendung

Die Installation einer ASP.NET-Anwendung ist eigentlich kaum ein eigenes Kapitel wert. Machen Sie einfach Copy&Paste im Windows Explorer
(oder nutzen Sie den DOS-Befehl XCopy)! Genauso wie andere .NET-
Programme auch kann man eine ASP.NET-Anwendung ohne Setup und
ohne Registrierung zum Laufen bringen (dies wird XCopy-Deployment
genannt).

Für ein ASP.NET-Web muss man lediglich eine IIS-Anwendung anlegen,
entweder über den *Internetdienstemanager* oder über die Registerkarte
WEBFREIGABE des Anwendungsordners im Windows Explorer. Einstel-
lungen in der Registry oder der IIS-Metabase sind nicht notwendig.
Ebenso ist kein Neustart des Webservers erforderlich. Alle erforderlichen
Konfigurationsinformationen sind in XML-Dateien (*web.config*) Teil der
Webanwendung. Dazu erfahren Sie mehr in Kapitel 6.

> Wenn Ihre ASP.NET-Anwendung nicht nur ASPX-Seiten, sondern
> auch klassische Seiten (*.asp*) oder statische Seiten (*.html*) enthält, kann
> eine zusätzliche Konfiguration im IIS erforderlich sein. Wenn Ihre
> Anwendung klassische COM-Komponenten nutzt, kann auch eine
> Installation/Registrierung dieser Komponenten erforderlich sein.

4 Das Webforms-Programmiermodell

Mit den ASP.NET-Webforms gibt es eine gravierende Änderung im Programmiermodell für serverseitige Webanwendungen. Dieses Kapitel geht ausführlicher auf das ereignisbasierte Webforms-Programmiermodell ein.

4.1 Rückblick

Als Grundlage zum Verständnis des Webforms-Programmiermodells soll hier zunächst kurz an bekannte Programmiermodelle erinnert werden.

Das klassische ASP-Programmiermodell

Im klassischen Webserver-Scripting (ASP und verwandte Plattformen wie PHP und JSP) erzeugt der Programmcode die HTML-Dokumente durch »Hinausschreiben« von HTML-Quellcode, wobei die HTML-Syntax zu beachten ist, wenn man sinnvolle Ergebnisse erhalten will. Die falsche Verwendung von Tags und Attributen führt zu fehlerhaften Bildschirmausgaben. Es gibt dabei keinerlei Syntaxprüfung für den HTML-Code auf dem Server, sodass Fehler im HTML-Quellcode erst durch fehlerhafte Ausgaben im Browser festgestellt werden. Die Erzeugung browserspezifischer Ausgaben ist zwar möglich, macht aber zahlreiche Fallunterscheidungen im Programmcode notwendig.
Generieren von HTML-Code

Die Ausführung einer Datei im klassischen ASP ist im Wesentlichen linear: Sie beginnt in der ersten Codezeile und erfolgt dann Befehl für Befehl, egal ob es sich um einen HTML-Befehl oder um einen Programmierbefehl in ASP-Tags (`<%...%>` bzw. `<Script runat="server">...</script>`) handelt. Die Linearität wird allenfalls dadurch unterbrochen, dass es Schleifen und Sprünge (Bedingte Ausführung oder Unterprogrammaufrufe) innerhalb der Programmierbefehle gibt.
Server-Tags

Ein nicht unwesentlicher Teil der Programmierung im klassischen ASP beschäftigt sich damit herauszufinden, was der Benutzer auf der aufrufenden Seite eingegeben bzw. angeklickt hat und ob diese Eingaben korrekt sind.
Eingabeprüfung

Das ereignisorientierte Desktop-Programmiermodell

Steuerelemente und Ereignisse

Bei der Entwicklung von Desktop-Anwendungen (z.B. Visual Basic, VBA, Visual C++/MFC, Delphi) und bei der clientseitigen Programmierung im Web (Dynamic HTML-Scripting) hat sich ein objektorientiertes, ereignisgesteuertes Programmiermodell durchgesetzt. In diesem Programmiermodell gibt es *Steuerelemente* (engl. *Controls*), die Objekte sind und die *Ereignisse* (engl. *Events*) auslösen, wenn der Benutzer bestimmte Aktionen ausführt. Der Programmierer kann Ereignisbehandlungsroutinen hinterlegen, die (unmittelbar) nach Auslösen des Ereignisses abgearbeitet werden.

Ereignisbehandlung

Durch ein Ereignis in einem Steuerelement wird eine Ereignisbehandlungsroutine aufgerufen, die Änderungen an den anderen Steuerelementen durch Zugriff auf deren Attribute und Methoden vornimmt. Die Reihenfolge der Abarbeitung des Programmcodes ist nicht linear, sondern durch die ausgelösten Aktionen bestimmt. Änderungen an den Steuerelementen werden durch objektorientierte Programmierung (Zugriff auf Attribute, Aufruf von Methoden) ausgeführt.

Ereignisbasierte Programmierung im Web

VI 6.0, WebClasses

Historisch gesehen ist die Idee von serverseitigen Controls und die ereignisbasierte Programmierung im Web nicht neu: Mit den Design-Time-Controls und der zugehörigen Script Library in Visual Interdev 6.0 und den WebClasses in Visual Basic 6.0 hat Microsoft schon zwei ähnliche Ansätze verfolgt. Diese beiden Ansätze waren aber bei weitem nicht so ausgereift wie ASP.NET.

4.2   Webforms und Webcontrols

Webseite als serverseitige Objekthierarchie

Das Webforms-Programmiermodell bildet ein objektorientiertes, ereignisgesteuertes Programmiermodell im Client-Server-Umfeld nach. Es betrachtet nun auch für die serverseitige Web-Programmierung eine Webseite als eine Hierarchie von Objekten (so genannte *Webcontrols*), wobei jedes Objekt Attribute, Methoden und Ereignisse besitzt. Für die Ereignisse können Ereignisbehandlungsroutinen hinterlegt werden.

Umwandlung in HTML-Code

Umwandlung in HTML

Ein Webform wird auf der Serverseite in HTML-Code (und eventuell etwas Client-Script-Code) umgesetzt, d.h. aus jedem Webcontrol werden ein oder mehrere HTML-Tags generiert. Der Client enthält nur HTML-Code, weil alle Webcontrols bereits auf der Serverseite in HTML-Tags umgesetzt werden. Beispielsweise wird aus dem `Textbox` bei der Umwandlung das HTML-Tag `<input type=text>`. Bei der Umwandlung werden browserspezifische Eigenarten berücksichtigt (dies gilt zumindest für die bei ASP.NET mitgelieferten Webcontrols).

> Vorläufer der ASP.NET-Webcontrols sind die Design Time Controls (DTC) in Visual InterDev 6.0. Die InterDev-DTCs haben sich aufgrund von Schwächen in der Konzeption und Stabilität nicht durchgesetzt. Die Webcontrols sind eine wesentlich bessere Umsetzung dieses Grundgedankens.
>
> Man sollte Webcontrols nicht mit ActiveX-Steuerelementen verwechseln, denn bei der Verwendung von Webforms werden keine ActiveX-Komponenten an den WeFCLient übermittelt.

Vergleich mit anderen Technologien

Unterschied zu Desktop-Anwendungen

Ein wesentlicher Unterschied zur Entwicklung von Desktop-Anwendungen liegt darin, dass das Auslösen des Ereignisses und die Ereignisbehandlung für einige Ereignisse auf zwei verschiedenen Computern (zumindest in zwei verschiedenen Prozessen, wenn Webbrowser und Webserver auf dem gleichen Computer laufen) stattfinden.

Ort der Ereignisbehandlung

Aufbau von Webcontrols

Ein Webform ist eine Textdatei mit der Extension *.aspx*. Sie enthält HTML-Code und spezielle Tags für die Webcontrols. Webcontrols unterscheiden sich innerhalb der ASPX-Seite durch drei Merkmale von HTML-Tags:

.aspx

1. Die Webcontrol-Tags müssen den meisten Regeln der XML-Wohlgeformtheit folgen (die Groß-/Kleinschreibung ist jedoch egal).

2. Sie beginnen meist mit dem Namespace `asp`.

3. Sie haben als Attribut `runat="server"`.

Beispiele für Webcontrols

Die folgende Tabelle zeigt Beispiele für Webcontrols. Alle Webcontrols eines Webforms sind wie HTML-Steuerelemente in ein `<form>`-Tag eingebettet – allerdings besitzt auch das `<form>`-Tag das Zusatzattribut `runat="server"`.

`<form>`-Tag

Formular	`<form id="Form1" method="post" runat="server">`
	`...`
	`</form>`

Texteingabefeld	`<asp:TextBox id="_Name"`
	`runat="server" Width="202px">`
	`Schwichtenberg`
	`</asp:TextBox>`

Tabelle 4.1: Beispiele für Webcontrols

Liste von Options-schaltflächen	`<asp:RadioButtonList id="RadioButtonList1"`
	`runat="server" RepeatDirection="Horizontal">`
	`<asp:ListItem Value="m">M&#228;nnlich`
	`</asp:ListItem>`
	`<asp:ListItem Value="W" Selected="True">Weiblich`
	`</asp:ListItem></asp:RadioButtonList>`

Drop-Down-Menü	`<asp:DropDownList id="F_Beruf" runat="server"`
	`Width="201px">`
	`<asp:ListItem Value="Student">Student`
	`</asp:ListItem>`
	`<asp:ListItem Value="Professor">Professor`
	`</asp:ListItem>`
	`<asp:ListItem Value="WissenschaftlicherMitarbei`
	`ter" Selected="True">WissenschaftlicherMitarbei`
	`ter</asp:ListItem>`
	`</asp:DropDownList>`

Kontrollkästchen	`<asp:CheckBox id="CheckBox1" runat="server"`
	`Text="Für Eintragung Rückbestätigung per E-Mail`
	`anfordern.">`
	`</asp:CheckBox>`

Schaltfläche	`<asp:Button id="B_Eintragen" runat="server"` `Text="Eintragen"></asp:Button>`

Tabelle 4.1: Beispiele für Webcontrols (Fortsetzung)

4.3   Ereignisbehandlung in Webforms

Ereignisse auf dem Server

Genau wie bei Formularen in VB5/6 oder VBA gibt es zu jedem Webcontrol verschiedene Ereignisse, für die Ereignisbehandlungsroutinen hinterlegt werden können. Die Webcontrols bieten typische Ereignisse an, die sinnvoll auf dem Server behandelt werden können, weil sie entweder auf dem Server stattfinden (z.B. »vor dem Generieren eines Elements«, »nach dem Generieren«) oder weil sie vom Server aufgrund der übermittelten Parameter bemerkt werden können. Das sind im Wesentlichen das Ändern eines Steuerelement-Wertes und der Klick auf ein Steuerelement.

Feststellen der Ereignisse

Die Ereignisbehandlungsroutinen werden nicht sofort, sondern erst nach einem Roundtrip zum Server ausgeführt. Genau genommen bekommt der Server gar keine echte Ereignismeldung, sondern vergleicht die Inhalte der Steuerelemente mit den Inhalten bei der letzten Übermittlung (die im *Viewstate* gespeichert wurden, vgl. Kapitel 5.2). Entsprechend der festgestellten Änderungen feuert ASP.NETASP.NET die zugehörigen Ereignisbehandlungsroutinen.

Daher kann man das Webforms-Programmiermodell auch als *pseudo-ereignisbasiert* bezeichnen, weil es keinen wirklichen direkten Zusammenhang zwischen Ereignis und Ereignisbehandlung gibt. Der Entwickler bekommt aber so gut wie gar nichts mehr davon mit, dass ein HTTP-Request zwischen dem Klick auf einen Button und seiner Ereignisbehandlungsroutine liegt.

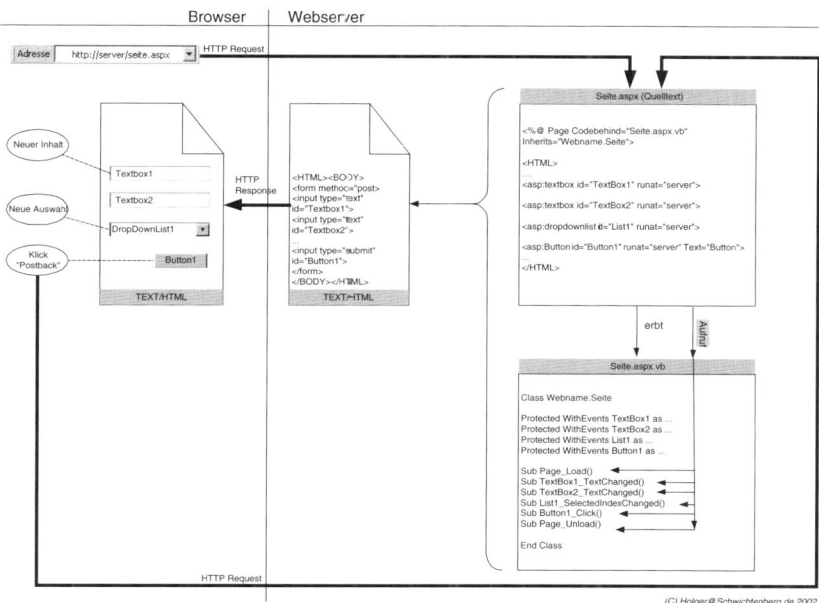

Abbildung 4.1: Serverseitige Ereignisbehandlung in ASP.NET (hier mit Code-Behind-Datei, siehe Kapitel 4.4)

Arten von Ereignissen

Im normalen HTML löst nur der Klick auf einen Link oder einen »Submit«-Button eine erneute HTTP-Anfrage (*Postback*) aus, nicht aber die Änderung eines Wertes in einem Eingabe-Steuerelement wie einem Textfeld oder einer Checkbox. Dies ist auch das Standardverhalten bei Webcontrols. Erst wenn ein Button gedrückt wurde, wird eine HTTP-Anfrage an den Server gestellt. Und erst dann werden dort neben dem Click-Ereignis für den Button auch alle Ereignisse für Zustandsänderungen in Eingabe-Steuerelementen ausgeführt.

Postback

Man kann die Webcontrol-Ereignisse in drei Gruppen einordnen:

1. Ereignisse, die nur auf dem Server stattfinden und die keine Beziehung zum Client haben. Dazu gehört zum Beispiel das Load()-Ereignis, das bei der Verarbeitung der ASPX-Seite auf dem Server aufgerufen wird.

Server-Ereignisse

Non-Postback-Events   2. Ereignisse, die auf dem Client stattfinden, die aber (im Standard) nicht zu einer sofortigen Rückfrage (Roundtrip) zum Server führen. Dies sind alle Änderungen in Eingabe-Steuerelementen (z.B. `TextChanged()`, `SelectedIndexChanged()`). Der Server erfährt von diesen Ereignissen erst beim nächsten Roundtrip durch einen Vergleich der alten und neuen Werte. Für jede Wertänderung feuert er dann serverseitig ein Ereignis. Diese Ereignisse heißen **Non-Postback-Ereignisse**.

Postback-Events   3. Ereignisse, die auf dem Client stattfinden und die sofort zum Server weitergeleitet werden (**Postback-Ereignisse**). Dies ist in HTML im Standard nur der Klick auf einen »Submit«-Button (`<input type="submit"...>`).

 Die Ereignisse der Gruppe 2 können aber durch Einsatz von Java-Script zu diesem Verhalten gebracht werden. Man kann also ein Non-Postback-Ereignis zu einem Postback-Ereignis machen. Dies wird weiter unten erläutert.

Ereignis	Typ	Beschreibung
`Load()`	Reines Serverereignis	Ereignis vor der Generierung des HTML-Codes für ein Steuerelement
`UnLoad()`	Reines Serverereignis	Ereignis nach der Generierung des HTML-Codes für ein Steuerelement
`Click()`	Postback-Ereignis	Klick auf einen Button
`TextChanged()`	Non-Postback-Ereignis	Beenden der Eingabe in ein Textfeld
`SelectedIndex-Changed()`	Non-Postback-Ereignis	Ändern der Auswahl in einem Drop-Down-Feld
`CheckedChanged()`	Non-Postback-Ereignis	Änderung des Zustands einer Checkbox

Tabelle 4.2: Wichtige Webcontrol-Ereignisse als Beispiel; alle Non-Postback-Ereignisse können optional zu Postback-Ereignissen werden.

Ereignisparameter

Quelle und Details   Die Webcontrol-Ereignisse besitzen jeweils zwei Parameter: Im ersten Parameter wird ein Zeiger auf das Objekt übergeben, das das Ereignis ausgelöst hat. So ist es möglich, eine Ereignisbehandlungsroutine für mehrere Ereignisse zu schreiben. Im zweiten Parameter werden (bei einigen Steuerelementen) Details zum Ereignis übergeben.

```
Sub B_Eintragen_Click(ByVal sender As System.Object,
ByVal e As System.EventArgs)
```

Listing 4.1: Beispiel für die Ereignis-Parameter bei einem Click()-Ereignis eines Button-Controls

Serverseitige vs. clientseitige Ereignisse

Die Anzahl der Webcontrol-Ereignisse ist aber typischerweise deutlich geringer als die der clientseitigen DHTML-Ereignisse. Dies ist auch klar, denn Ereignisse wie `MouseDown()`, `KeyPressed()` oder `Enter()` auf dem Server zu behandeln, macht angesichts der Zeit, die ein Roundtrip zum Server benötigt, keinen Sinn. Derartige Ereignisse müssen weiterhin durch Dynamic HTML (DHTML) auf dem Client behandelt werden. Überhaupt würde der Server von diesen Ereignissen nur durch den Einsatz von zusätzlichen Client-Scripts erfahren, denn diese Ereignisse führen ja nicht notwendigerweise zu einer Änderung des Inhalts, die der Server bemerken würde.

Webcontrol-Ereignisse versus DHTML-Ereignisse

> Wahlweise können einige Webcontrols (z.B. Validation Controls) auch in clientseitigen Code umgesetzt werden, siehe Kapitel 5.5.

Sofortige Ereignisweiterleitung

Bei vielen Webcontrols kann man ein Non-Postback-Ereignis zu einem Postback-Ereignis machen. Vom Entwickler kann über das Webcontrol-Attribut `AutoPostBack` definiert werden, ob eine Zustandsänderung in einem Eingabesteuerelement zum sofortigen Postback führt.

AutoPostBack

Da ein Postback in HTML nur für »Submit«-Buttons, nicht aber für alle anderen Steuerelemente vorgesehen ist, muss ASP.NET ein Stück Java-Script-Code in die Seite einfügen, welches das Formular zum Postback zwingt.

```
<!-- function __doPostBack(eventTarget, eventArgument) {
var theform = document.Form1;
theform.__EVENTTARGET.value = eventTarget;
theform.__EVENTARGUMENT.value = eventArgument;
theform.submit();
  }
// -->
```

Das generierte HTML-Tag erhält dann diese Funktion als Ereignisbehandlungsroutine für das passende DHTML-Ereignis. Im Fall der Textbox entspricht ein `onchange()` in DHTML einem `TextChanged()` in ASP.NET.

```
<input name="TextBox1" type="text" id="TextBox1"
onchange="__doPostBack('TextBox1','')" language="javascript" />
```

> Wenn im Browser JavaScript deaktiviert ist, wird ein solcher manu-
> eller Postback nicht funktionieren. Sie sollten also keine Webforms
> erzeugen, die nur mit einem manuellen Postback verlassen werden
> können.

4.4   Seitenmodelle

Es gibt zwei Modelle für die Speicherung von ASP.NET-Seiten:

1. Modell mit einer Datei (*Single-File-Modell*)

2. Modell mit zwei Dateien (*Code-Behind-Modell*)

Single-File-Modell

Vermischung von Layout und Programmcode

Beim Single-File-Modell gibt es nur eine ASPX-Datei, in der HTML-Code
und serverseitiger Programmcode zusammen liegen. Dies ist das aus
dem klassischen ASP bekannte Seitenmodell. Der Hauptnachteil dieses
Seitenmodells ist, dass durch die Vermischung von Layout und Programmcode in einer Datei die Zusammenarbeit zwischen Webdesigner
und Webentwickler erschwert ist.

> Beim Code-Behind-Modell, das in Kapitel 4.4 vorgestellt wird,
> besteht die Möglichkeit, den Programmcode in eine eigene Datei
> auszulagern.

Einbettung von Code

In der ASPX-Seite werden Codeblöcke wie im klassischen ASP durch
die folgenden zwei alternativen Begrenzer kenntlich gemacht.

Kurzform	`<% ... %>`
Ausführliche Form	`<script language="VB" runat="server"> ...` `</script>`

Code-Begrenzer

Während in ASP diese Begrenzer äquivalent waren, gibt es nun einen
Unterschied:

1. Die Begrenzer `<% %>` dürfen keine Deklaration von Unterroutinen
   enthalten, sondern nur noch einzelne »freistehende« Befehle.

2. Im Umkehrschluss darf der Begrenzer `<script> </script>` nur noch
   Unterroutinen, aber keine freistehenden Befehle mehr abarbeiten.

Festlegung der Programmiersprache

Es kann in jeder ASPX-Seite nur eine einzige Programmiersprache verwendet werden. Diese wird entweder durch das `language`-Attribut in der `@Page`-Direktive oder aber durch das gleichnamige Attribut in dem `<script>`-Tag festgelegt. Wenn die `@Page`-Direktive eine Sprache festlegt, dann ist die Angabe des `language`-Attributs in dem `<script>`-Tag optional, denn hier darf sowieso keine andere Sprache angegeben werden.

Die Zuordnung Sprachkürzel und Sprach-Compiler geschieht über eine Konfigurationseinstellung, die in der globalen Konfigurationsdatei *machine.config* hinterlegt ist. Im Standard sind dort die drei mit dem .NET Framework ausgelieferten Sprachen Visual Basic .NET, C# und JScript .NET definiert. Für jede der drei Sprachen sind verschiedene alternative Abkürzungen definiert. Die Standardsprache, die verwendet wird, wenn das `language`-Attribut fehlt, ist Visual Basic .NET.

Gültige Sprachen

```
<system.web>
...
<compilation debug="false" explicit="true" defaultLanguage="vb">
<compilers>
<compiler language="c#;cs;csharp" extension=".cs"
type="Microsoft.CSharp.CSharpCodeProvider, System, Version=1.0.3300.0,
Culture=neutral, PublicKeyToken=b77a5c561934e089" warningLevel="1" />
<compiler language="vb;vbs;visualbasic;vbscript" extension=".vb"
type="Microsoft.VisualBasic.VBCodeProvider, System,
Version=1.0.3300.0, Culture=neutral, PublicKeyToken=b77a5c561934e089"
/>
<compiler language="js;jscript;javascript" extension=".js"
type="Microsoft.JScript.JScriptCodeProvider, Microsoft.JScript,
Version=7.0.3300.0, Culture=neutral, PublicKeyToken=b03f5f7f11d50a3a"
/>
</compilers>
...
</compilation>
...
</system.web>
```

Listing 4.2: Ausschnitt aus machine.config

Keine Skriptsprachen

> Bitte beachten Sie, dass als Sprachen nur noch .NET-Sprachen erlaubt sind. Die COM-basierten Active Scripting-Sprachen (z.B. VBScript und JScript) sind jetzt nicht mehr verwendbar. Zwar definiert die *machine.config* »VBScript« und »JScript« als Sprachkürzel, erwartet wird aber in beiden Fällen die Syntax des jeweiligen .NET-Pendants.

Kompilierung

Erstellung einer Assembly

ASPX-Webseiten werden nicht interpretiert, sondern einmalig – beim ersten Aufruf – kompiliert und in einer Assembly (*.DLL*) im Dateisystem gespeichert. Für jede ASPX-Datei wird eine Assembly in der Microsoft Intermediation Language (MSIL) erzeugt. ASP.NET verwendet dann bei jeder Anfrage diese Assembly – solange, bis sich die ASPX-Datei geändert hat und daher eine Neukompilierung erforderlich ist. ASP.NET vergleicht also bei jedem Seitenabruf zunächst den Erstellungszeitpunkt der ASPX-Datei mit dem der zugehörigen Assembly.

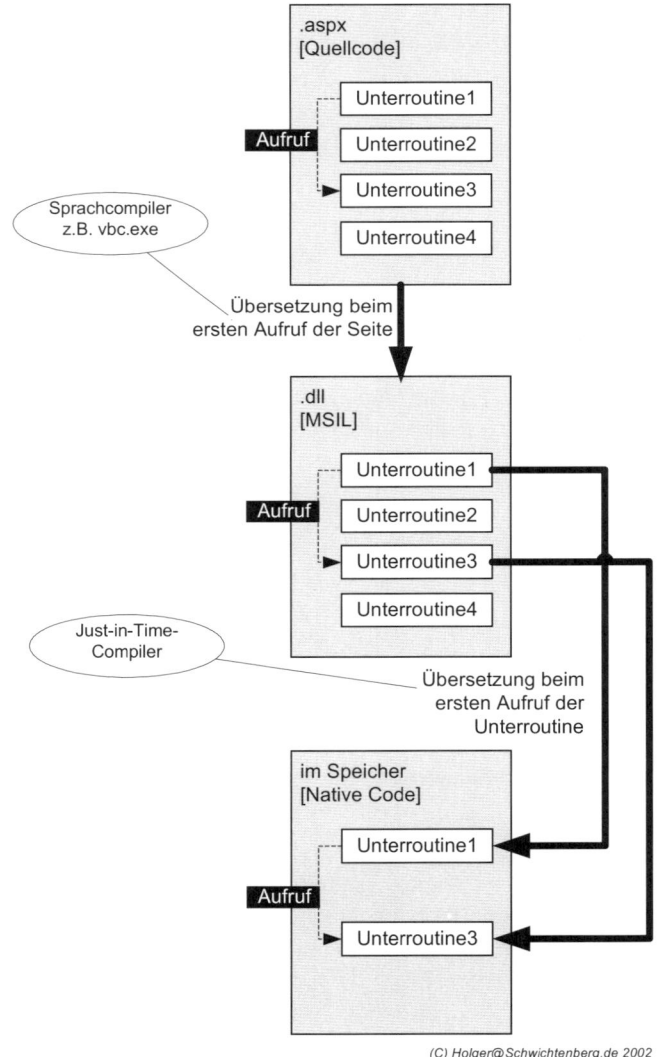

(C) Holger@Schwichtenberg.de 2002

Abbildung 4.2: Wege des Codes in ASP.NET im Single-File-Modell

Die MSIL-Assembly wird dann – wie in .NET üblich – während der Ausführung Unterroutine für Unterroutine von einem Just-in-Time-Compiler in Native Code übersetzt (siehe Abbildung 4.2).

Ganz genau sieht der Prozess so aus: ASP.NET erzeugt aus der ASPX-Datei zunächst Programm-Quellcode, d.h. auch die HTML-Tags und die statischen Inhalte werden in Programmcode umgewandelt. Der in der ASPX-Datei enthaltene serverseitige Programmcode wird 1:1 in die neue Quellcode-Datei übernommen. Es entsteht eine Klasse in dem Namespace ASP, die so heißt wie die ASPX-Seite, wobei der Punkt in einen Unterstrich umgewandelt wird. Aus *Schnellstart_sf.aspx* wird also die Klasse ASP.Schnellstart_sf_aspx. Diese Klasse erbt direkt von der FCL-Klasse System.Web.UI.Page.

Umwandlung in Quellcode

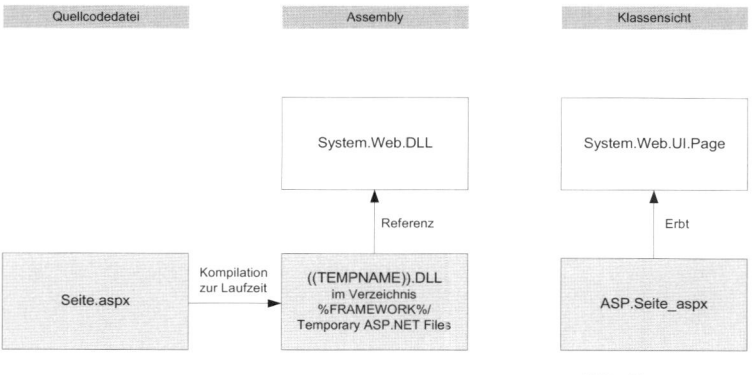

Abbildung 4.3: Dateien und Klassen im Single-File-Modell

Als Sprache wird bei der automatisch generierten Klasse zwangsläufig die Sprache verwendet, die in der @Page-Direktive im Attribut language angegeben wurde, denn es ist nicht möglich, zwei Sprachen innerhalb einer Quellcode-Datei zu mischen. Diese Quellcode-Datei wird dann mit dem entsprechenden Sprach-Compiler in MSIL-Code kompiliert.

Kommandozeilen-Compiler

> Da die Compiler-Klassen in der FCL auf die Kommandozeilen-Compiler zurückgreifen, kann ASP.NET nicht funktionieren, wenn der entsprechende Kommandozeilen-Compiler nicht im *%Framework%*-Verzeichnis vorhanden ist.

```
Option Strict Off
Option Explicit On

Imports ASP
Imports Microsoft.VisualBasic
Imports System
```

```
...

Namespace ASP
    <System.Runtime.CompilerServices.CompilerGlobalScopeAttribute()>
...
    Public Class Schnellstart_sf_aspx
    Inherits System.Web.UI.Page
    Implements System.Web.SessionState.IRequiresSessionState
    Private Shared __autoHandlers As Integer
#ExternalSource("f:\web\wfbuch\schnellstart\schnellstart_sf.aspx",12)
    Protected L_Schritt1 As System.Web.UI.WebControls.Label
        #End ExternalSource
...
    Private Sub __BuildControlTree(ByVal __ctrl As
System.Web.UI.Control)
    Dim __parser As System.Web.UI.IParserAccessor =
CType(__ctrl,System.Web.UI.IParserAccessor)
 #ExternalSource("f:\web\wfbuch\schnellstart\schnellstart_sf.aspx",1)
    __parser.AddParsedSubObject(New
System.Web.UI.LiteralControl(""&Microsoft.VisualBasic.ChrW(13)&Micro
soft.VisualBasic.ChrW(10)&Microsoft.VisualBasic.ChrW(13)&Microsoft.
VisualBasic.ChrW(10)&"<!DOCTYPE HTML PUBLIC ""-//W3C//DTD HTML 4.0
Transitional//
EN"">"&Microsoft.VisualBasic.ChrW(13)&Microsoft.VisualBasic.ChrW(10)&"
<HTML>"&Microsoft.VisualBasic.ChrW(13)&Microsoft.VisualBasic.ChrW(10)&
Microsoft.VisualBasic.ChrW(9)&"<HEA"& _
"D>"&Microsoft.VisualBasic.ChrW(13)&Microsoft.VisualBasic.ChrW(10)&
Microsoft.VisualBasic.ChrW(9)&Microsoft.VisualBasic.ChrW(9)&"<title>
Erstes Beispiel</
title>"&Microsoft.VisualBasic.ChrW(13)&Microsoft.VisualBasic.ChrW(10)&
Microsoft.VisualBasic.ChrW(9)&"</
HEAD>"&Microsoft.VisualBasic.ChrW(13)&Microsoft.VisualBasic.ChrW(10)&
Microsoft.VisualBasic.ChrW(9)&"<body>"&Microsoft.VisualBasic.ChrW(13)&
Microsoft.VisualBasic.ChrW(10)&Microsoft.VisualBasic.ChrW(9)&Microsoft
.VisualBasic.ChrW(9)))
  #End ExternalSource
 #ExternalSource("f:\web\wfbuch\schnellstart\schnellstart_sf.aspx",1)
  Me.__BuildControlForm1

  #End ExternalSource

#ExternalSource("f:\web\wfbuch\schnellstart\schnellstart_sf.aspx",1)
  __parser.AddParsedSubObject(Me.Form1)

  #End ExternalSource...
```

Listing 4.3: Ausschnitte aus der generierten Quellcode-Datei

Für die aus der ASPX-Datei erzeugte Klasse kann auch ein expliziter Name vergeben werden. Dazu ist in der @Page-Direktive das Attribut ClassName anzugeben.

ClassName

```
<%@ Page ... Language="vb" ClassName="su" ... %>
```

Abbildung 4.4: Ansicht der generierten Assembly im .NET-Disassembler (ildasm.exe)

Speicherung der temporären Dateien

ASP.NET speichert die generierte Quellcode-Datei und die daraus erzeugte Assembly (.dll) im Dateisystem ab. Unterhalb von *%WIN-DIR%\Microsoft.NET\Framework\v1.0.3705\Temporary ASP.NET Files* wird für jedes virtuelle Verzeichnis des IIS (sofern es bereits verwendet wurde) ein Unterverzeichnis angelegt. Von dort aus vergibt ASP.NET die Namen selbst, zumal alle temporären Dateien in einem einzigen Verzeichnis gespeichert werden. Die Verzeichnisstruktur der Webanwendung wird nicht übernommen. Hätten die temporären Dateien die Namen der ASPX-Dateien, könnte es zu Namenskonflikten kommen, denn innerhalb einer Webanwendung kann ein Dateiname in verschiedenen Unterverzeichnissen beliebig oft vorkommen. Die temporären Dateien bekommen Namen, die aus einem 8-stelligen Zeichencode bestehen.

Komplexe Verzeichnisstruktur

Sie können das Verzeichnis über das folgende statische Attribut ermitteln: `HttpRuntime.CodegenDir`.

Weitere Dateien

Wie Sie der folgenden Bildschirmkopie entnehmen können, erzeugt ASP.NET noch mehr Dateien:

1. Die Datei mit der Extension *.cmdline* enthält die kompletten Optionen, mit denen der Compiler aufgerufen werden muss, um die Quellcode-Datei richtig zu übersetzen.

2. Die Datei mit der Extension *.out* enthält die Ausgabe des Kommandozeilen-Compilers, die man im Fehlerfall auch innerhalb der Fehlerseite einsehen kann.

3. Die Datei mit der Extension *.pdb* enthält Debug-Informationen, die beim Einsatz eines .NET-Debuggers benötigt werden.

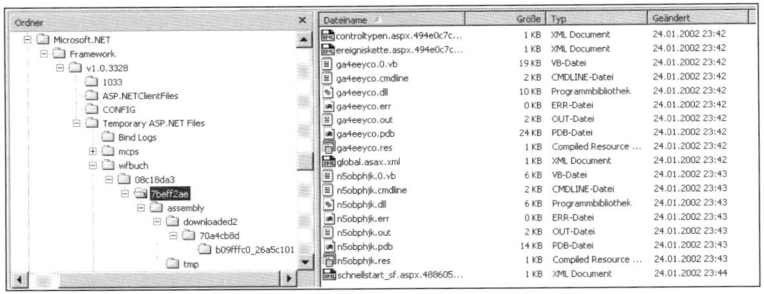

Abbildung 4.5: Einsatz des temporären Verzeichnisses von ASP.NET

Auslagern von Code

Dateien einbinden

Das Single-File-Modell hat seinen Namen nicht ganz zu Recht, denn auch hier gibt es die Möglichkeit, das Programm in eine andere Datei auszulagern. Das `<script>`-Tag unterstützt mit dem Attribut `src` den Verweis auf eine andere Datei, die beim Parsen hinzugeladen wird. In diesem Fall muss das `<script>`-Tag einen leeren Inhalt haben.

```
<script runat="server" src="Dateiname.vb" />
```

Dies sind aber noch keine echten Code-Behind-Dateien, wie sie im nächsten Kapitel erläutert werden.

Ereignisbindung

Ereignisnamen

Ein zentrales Thema ist die Bindung zwischen einem Webcontrol-Ereignis und der Ereignisbehandlungsroutine. In dem Tag eines Webcontrols gibt es daher Attribute, die wie die Ereignisse des Webcontrols heißen, zusätzlich mit der Vorsilbe »on« (z.B. `onclick` für `Click()` und `onload` für

Load()). Diese Attribute dienen der Festlegung, welche Routine als Ereignisbehandlungsroutine verwendet werden soll.

Der folgende Kasten zeigt die Ereignisbindung für das Click()-Ereignis eines Buttons. Im Single-File-Modell, also wenn die Ereignisbehandlungsroutine in der gleichen Datei wie das Steuerelement-Tag steht, ist es egal, wie zugänglich (Public, Private oder Protected) die Routine ist.

Steuerelement-Tag	Ereignisbehandlungsroutine
`<asp:button id="B_OK" onclick="B_OK_Geklickt" runat="server" Text="OK"> </asp:button>`	`Sub 3_OK_Geklickt (ByVal sender As System.Object, ByVal e As System.EventArgs)`

Ereignisbindung mit Namenskonvention

Es gibt noch eine alternative Ereignisbindung, die auf der Namensgebung basiert und durch das Attribut AutoEventWireUp="True" in der @Page-Direktive gesetzt wird. Dabei werden alle Ereignisbehandlungsroutinen ausgeführt, deren Name der Konvention

AutoEventWireUp

```
OBJEKTVARIABLE_EREIGNISNAME(PASSENDE_PARAMETERLISTE)
```

entspricht. Dies ist besonders sinnvoll für die Bindung des Page_Load()-Ereignisses.

```
<%@ Page Language="vb" AutoEventWireup="true"%>
...
<script runat="server">
Sub Page_Load(Sender As Object, E As EventArgs)
...
End Sub
</script>
```

Listing 4.4: Bindung von Page_Load() wie AutoEventWireup

Code-Behind-Modell

Im Code-Behind-Seitenmodell sind HTML-Code und Programmcode grundsätzlich in zwei Dateien getrennt: Die ASPX-Datei enthält den HTML-Code und eine getrennte Datei den Programmcode. Diese Programmcode-Datei hat nach einer Konvention den gleichen Namen mit zusätzlicher Dateiextension, die die Sprache festlegt.

Zwei Dateien

Beispiel: Die in VB.NET geschriebene Code-Behind-Datei für die ASPX-Datei *cb.aspx* sollte *cb.aspx.vb* heißen.

Zwar ist es möglich, bei einer existierenden Code-Behind-Datei zusätzlich auch noch Programmcode innerhalb der ASPX-Seite zu speichern.

Programmcode kann also wahlweise in ASPX-Dateien (wie bisher in .asp-Dateien) oder in die zugehörige Code-Behind-Datei abgelegt werden. Code in der ASPX-Seite ist aber nicht erwünscht (vgl. oben, Single File Modell).

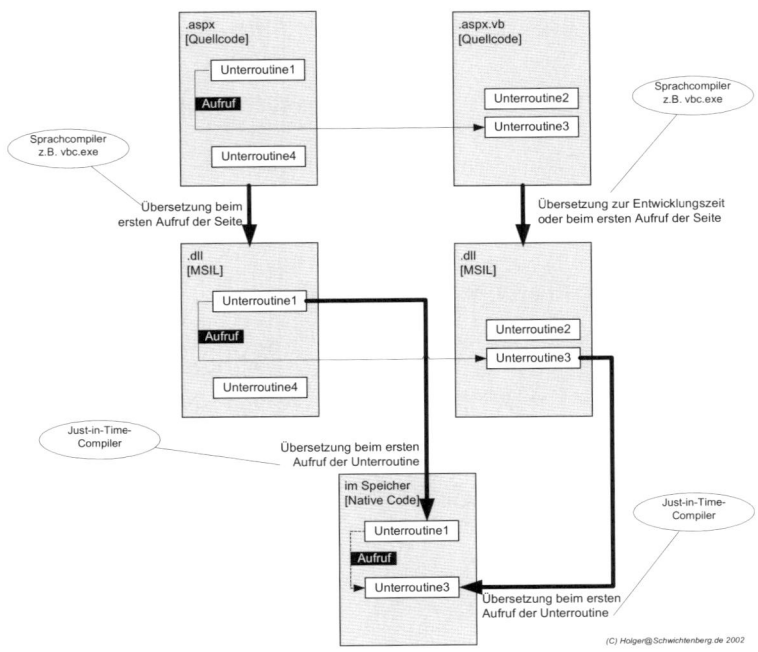

Abbildung 4.6: Wege des Programmcodes in ASP.NET im Code-Behind-Modell

Vererbung

ASPX-Klasse erbt von Code-Behind-Klasse

Das Code-Behind-Modell basiert auf Vererbung: In der Code-Behind-Datei wird eine Klasse implementiert, die von der FCL-Klasse `System.Web.UI.Page` erbt. Diese Klasse hat einen beliebigen Namen, üblich ist aber die Benennung `WEBNAME.SEITENNAME`. Diese Klasse ist wiederum Oberklasse für die ASPX-Seite. Genauer gesagt: Diese Klasse ist Oberklasse für die Webseiten-Klasse (`ASP.SEITENNAME_aspx`), die ASP.NET aus der ASPX-Seite dynamisch generiert.

```
Public Class Schnellstart_CB
  Inherits System.Web.UI.Page
    ...
```

Listing 4.5: Klassendeklaration in der Code-Behind-Datei [Schnellstart_CB.aspx.vb]

Im Single-File-Modell erbt die Webseiten-Klasse (also die Klasse `ASP.SEITENNAME_aspx`) direkt von `System.Web.UI.Page`. Im Code-Behind-Modell erbt sie von der Code-Behind-Klasse. Diese Vererbungsbeziehung muss man in der ASPX-Seite in der `@Page`-Direktive spezifizieren mit dem Attribut `Inherits`, das den vollständigen Namen der Klasse (also inklusive Namespace) enthalten muss. Dieser Name ist **case-sensitive**.

Erben von der Code-Behind-Klasse

Abbildung 4.7: Ansicht der von Visual Studio .NET aus den verschiedenen Code-Behind-Dateien erzeugten DLL im IL-Disassembler (ildasm.exe)

```
<%@ Page Language="vb"
Codebehind="Schnellstart_CB.aspx.vb"
Inherits="wf.Schnellstart_CB"%>
```

Listing 4.6: @Page-Direktive in der ASPX-Seite im Code-Behind-Modell [Schnellstart_CB.aspx]

```
Public Class Schnellstart_CB_aspx
  Inherits wf.Schnellstart_CB
...
```

Listing 4.7: Klassendeklaration der von ASP.NET beim ersten Aufruf der ASPX-Seite automatisch erzeugten Webseiten-Klasse

Abbildung 4.8: In der temporären Webseiten-Assembly spiegelt sich die Vererbungs-beziehung wider.

Kompilierung der Code-Behind-Datei

Die Code-Behind-Datei kann wahlweise zur Entwicklungszeit oder dynamisch zur Laufzeit zu einer Assembly kompiliert werden.

Dynamische Assembly

Eine **zur Laufzeit** kompilierte Code-Behind-Datei behandelt ASP.NET wie eine ASPX-Datei und legt die beim ersten Aufruf erzeugte Assembly unterhalb des Verzeichnisses *%WINDIR%\Microsoft.NET\Framework\v1.0.3705\Temporary ASP.NET Files* ab. ASP.NET erzeugt in diesem Fall für jede Code-Behind-Datei genau eine Assembly.

Eine **vorkompilierte** DLL muss man im */bin*-Verzeichnis unterhalb des Wurzelverzeichnisses der Webanwendung speichern, weil ASP.NET im Standard nur dort danach sucht. Der Name der DLL ist beliebig, da ASP.NET so voreingestellt ist, dass alle DLLs im */bin*-Verzeichnis hinzugebunden werden. Man hat daher auch die Wahl, für jede einzelne Code-Behind-Datei eine einzelne DLL zu erzeugen oder mehrere Code-Behind-Dateien zu einer DLL zusammenzufassen. Die folgende Anweisung zeigt den Befehl zur Übersetzung einer Code-Behind-Datei mit dem Kommandozeilen-Compiler. Mindestens die *System.dll* und die *System.Web.dll* müssen referenziert werden.

Statische Assembly

```
vbc.exe cb.aspx.vb /t:library /out:..\bin\hs.dll
/r:System.Web.dll /r:System.dll
```

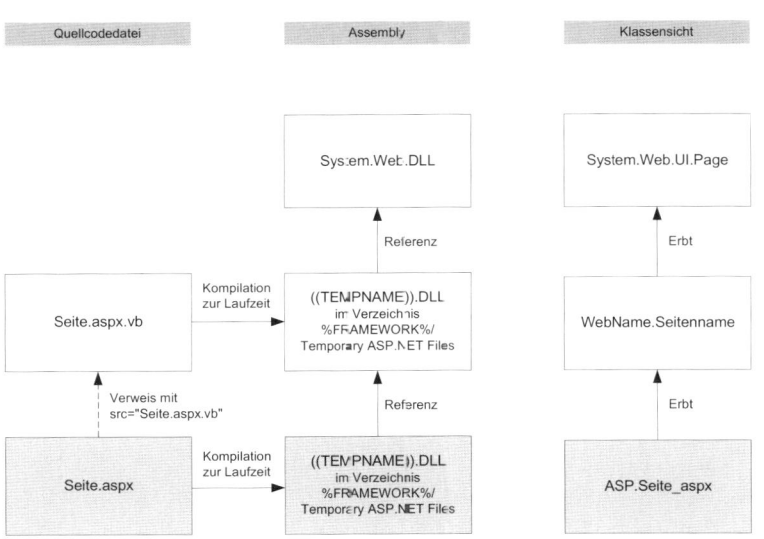

(C) Holger@Schwichtenberg.de 2002

Abbildung 4.9: Laufzeitkompilierung der Code-Behind-Datei

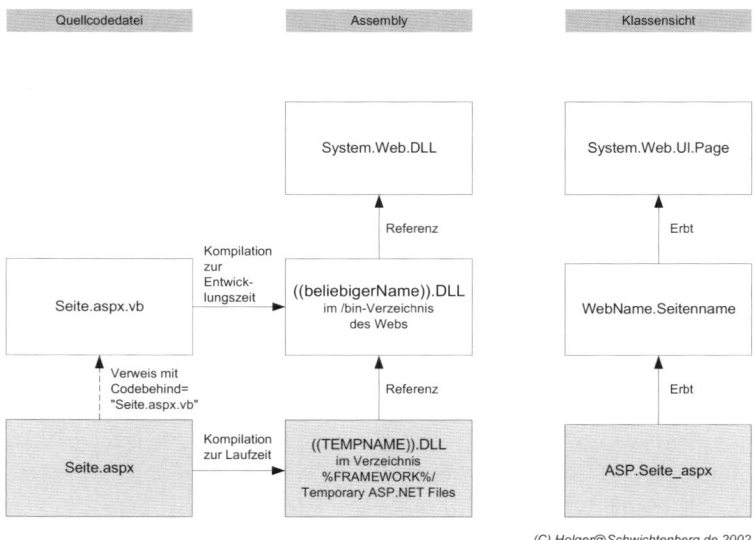

(C) Holger@Schwichtenberg.de 2002

Abbildung 4.10: Entwicklungszeitkompilierung der Code-Behind-Datei

> Visual Studio .NET kompiliert alle Code-Behind-Dateien in eine ein-
> zige DLL zusammen, die den Namen der Webanwendung trägt:
> *WEBNAME.dll.*

Kompilierung der ASPX-Datei

Kompilierung der ASPX-Datei

Die ASPX-Datei wird genau wie im Single-File-Modell erst zur Laufzeit
beim ersten Aufruf kompiliert und in Form einer Assembly unterhalb
des Verzeichnisses *%WINDIR%\Microsoft.NET\Framework\v1.0.3705\
Temporary ASP.NET Files* gespeichert. Bezüglich der Speicherung
besteht kein Unterschied, bezüglich der Vererbung schon.

Festlegung der Programmiersprache

Die Sprache der ASPX-Seite wird auch im Code-Behind-Modell nach
den gleichen Regeln wie im Single-File-Modell festgelegt. Die verwendete Programmiersprache in der Code-Behind-Datei wird je nach Vor-
gehensweise bei der Kompilierung bestimmt:

Sprache der Code-Behind-Datei

1. Im Fall der Einzelkompilierung zur Entwicklungszeit per Komman-
    dozeilen-Compiler bestimmt der verwendete Compiler die Sprache
    der Code-Behind-Datei. Die Dateiextension ist irrelevant und es ist
    möglich, jede Code-Behind-Datei in einer anderen Sprache zu
    schreiben.

2. Bei der Verwendung von Visual Studio .NET zur Entwicklungszeit-
    kompilierung ist die Sprache durch das Anlegen des Projekts für
    alle Code-Behind-Dateien in einem Projekt einheitlich festgelegt,
    weil Visual Studio .NET eine einzige DLL erzeugt und ein .NET-
    Modul immer genau in einer Sprache geschrieben sein muss.

3. Nur bei der Laufzeitkompilierung legt die Dateiextension den von
    ASP.NET automatisch zu verwendenden Compiler fest.

> Es ist aber empfehlenswert, in allen Fällen die Dateiextension pas-
> send zur verwendeten Sprache zu wählen.

Suchen der Implementierung

Zur Festlegung, wo die ASPX-Seite die Implementierung der Code-
Behind-Klasse findet, gibt es zwei Alternativen in der @Page-Direktive
der ASPX-Datei:

1. `src="DATEINAME.aspx.vb"`

    Mit dem `src`-Attribut wird festgelegt, dass die Code-Behind-Klasse **src**
    zur Laufzeit dynamisch kompiliert werden soll. `src` verweist auf
    eine Quellcode-Datei.

2. `Codebehind="DATEINAME.aspx.vb"` oder ohne Angabe

    Wenn nicht `src` angegeben wird, wird ASP.NET damit beauftragt, die **Codebehind**
    Code-Behind-Klasse in der vorkompilierten Assembly (*WEB-
    NAME.dll*) zu suchen. Die Quellcode-Dateien müssen dann nicht
    mehr im Verzeichnis der Webanwendung liegen. Die Angabe `Codebe-
    hind` wird nur von Visual Studio .NET verwendet, um in der Entwick-
    lungsumgebung die zugehörige Code-Behind-Datei zu lokalisieren.
    Wenn man nicht VS.NET einsetzt, kann man darauf verzichten.

> Wünschenswert wäre eine Fallback-Strategie: Greife nur auf die
> *WEBNAME.dll* zurück, wenn die Quellcode-Datei nicht existiert
> (oder umgekehrt). Leider bietet ASP.NET dies **nicht** an, denn wenn
> das `src`-Attribut angegeben ist, sucht ASP.NET die Code-Behind-
> Klasse **immer** an dem nach `src` angegebenen Ort. Ist die Datei dort
> nicht vorhanden oder die Code-Behind-Klasse dort nicht implemen-
> tiert, gibt es eine Fehlermeldung. ASP.NET bindet zwar die im */bin*-
> Verzeichnis enthaltenen DLLs immer mit ein, jedoch hilft das nichts:
> Sind nämlich in den in */bin* gespeicherten DLLs und in der Quell-
> code-Datei die gleichen Klassen definiert, streikt der Compiler.

Anforderungen an die Code-Behind-Klasse

An die Klasse in der Code-Behind-Datei werden folgende Anforderungen gestellt:

Zugänglichkeit   1. Die Klasse muss zugänglich (`Public`) sein.

```
Public Class Schnellstart_CB
```

Vererbung   2. Die Klasse muss von `System.Web.UI.Page` erben.

```
Inherits System.Web.UI.Page
```

Deklaration   3. Für die einzelnen Steuerelemente muss es eine Deklaration geben, damit der Code-Behind-Klasse die Namen bekannt sind. Die Steuerelemente müssen als `Public` oder `Protected` deklariert werden und zusätzlich das Schlüsselwort `WithEvents` beinhalten.

```
Protected WithEvents B_OK As System.Web.UI.WebControls.Button
```

Nur wenn diese drei Voraussetzungen erfüllt sind, ist die Bindung der Steuerelemente an die Ereignisbehandlungsroutinen in der Code-Behind-Datei möglich.

Ereignisbindung

Handles   Im Code-Behind-Modell gibt es zusätzlich zur Bindung über die »on«-Attribute (vgl. Ausführungen zum Single-File-Modell) die Möglichkeit zur Bindung über das Schlüsselwort `Handles`.

```
Sub xy() Handles OBJEKTNAME.EREIGNISNAME
```

`Handles` legt in der Code-Behind-Datei fest, für welches Steuerelement-Ereignis diese Routine die Ereignisbehandlung übernimmt. Dies hat zwei Vorteile gegenüber der Bindung im HTML-Code durch ein »on«-Attribut:

1. Der Name der Ereignisbehandlungsroutine muss dem Ersteller der ASPX-Datei (z.B. einem Webdesigner) nicht bekannt sein.

2. Es können beliebig viele Ereignisbehandlungsroutinen für jedes Ereignis definiert werden, da `Handles` mehrfach für das gleiche Ereignis vorkommen darf.

Alternative Ereignisbindung   3. Im Code-Behind-Modell ist aber auch noch die Bindung über die »on«-Attribute möglich. Wenn diese Form gewählt wird, ist zu beachten, dass die Ereignisbehandlungsroutine für die abgeleitete Klasse zugänglich sein muss. Erlaubt sind also die Modifier `Public` und `Protected`, nicht aber `Private`.

Variante	ASPX-Datei	Code-Behind-Datei

Mit »Handles«	`<asp:button`
	`id="B_OK"`
	`runat="server" Text="OK">`
	`</asp:button>`
		`Private Sub B_OK_Click`
		`(ByVal sender As`
		`System.Object,`
		`ByVal e As`
		`System.EventArgs)`
		`Handles B_OK.Click`

Mit »on«- Attribut	`<asp:button`
	`id="B_OK"`
	`onclick="B_OK_Geklickt"`
	`runat="server" Text="OK">`
	`</asp:button>`
		`Public Sub B_OK_Geklickt`
		`(ByVal sender As`
		`System.Object,`
		`ByVal e As`
		`System.EventArgs)`

Tabelle 4.3: Alternative Ereignisbindung im Code-Behind-Modell

Mehrfachbindung

Wenn für ein Ereignis sowohl in der Code-Behind-Datei als auch in der ASPX-Seite eine Ereignisbehandlung definiert ist, werden beide ausgeführt. Im .NET Framework kann eine beliebige Anzahl von Ereignisbehandlungsroutinen an ein Ereignis gebunden werden.

4.5 Seitenübergänge

Theoretisch ist es möglich, eine komplette serverseitige Webanwendung in nur einer Datei zu erzeugen, wobei der Programmcode immer wieder andere HTML-Dokumente generiert. Praktisch jedoch würde diese eine Datei extrem lang und aufgrund der notwendigen Fallunterscheidungen unübersichtlich werden. Man teilt daher die Anwendungsdateien besser auf mehrere Dateien auf. Dafür benötigt man dann aber die Möglichkeit, aus einer Datei eine andere aufzurufen und dabei Daten zu übergeben.

Notwendigkeit für Seitenübergänge

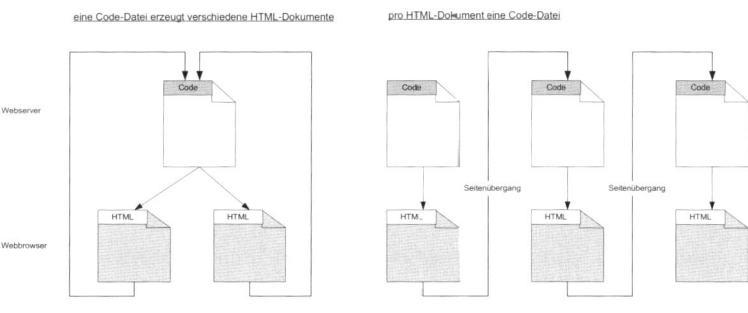

Abbildung 4.11: Alternative Programmierweisen, die aber auch miteinander kombiniert werden können

Grundsätzlich kann man einen Seitenübergang danach unterteilen, ob er vom Client oder vom Server initiiert wird.

Clientseitiger Seitenübergang

1. Ein **clientseitiger Seitenübergang** basiert auf einer Aktion des Anwenders (also einem Klick auf einen Link oder Button) oder auf einer im HTML-Code definierten Weiterleitung per Meta-Tags. In beiden Fällen zeigt der Browser eine Seite an und fragt danach nach einer neuen Seite.

Serverseitiger Seitenübergang

2. Bei einem **serverseitigen Seitenübergang** initiiert der Code auf dem Server, dass nun eine andere als die vom Browser angefragte Seite angezeigt werden muss. Eine Webserver-Middleware hat dazu entweder die Möglichkeit, intern die Kontrolle an eine andere Seite im gleichen Web zu übergeben oder aber den Browser durch einen speziellen HTTP-Status-Code (*302 Object Moved*) anzuweisen, doch »lieber« eine andere Seite anzufragen.

Seitenübergänge in klassischen ASP-Seiten

Im klassischen ASP war es üblich, für die Auswertung eines Formulars zu einer neuen Seite überzugehen. Das Formular war eine reine HTML- oder eine ASP-Seite. Die Auswertungsseite musste eine ASP-Seite sein.

Clientseitiger Seitenübergang

Wenn das Formular selbst eine ASP-Seite war, war es auch möglich, dass es sich selbst aufruft. Dann musste zu Beginn der ASP-Seite geprüft werden, ob die Datei nun zwecks Darstellung des (leeren) Formulars extern aufgerufen wurde oder zwecks Prüfung bzw. Verarbeitung der eingegebenen Werte von sich selbst aufgerufen wurde. Der Übergang zur nächsten Seite erfolgte nach Abschluss der Verarbeitung der Formulardaten.

Serverseitiger Seitenübergang

Das klassische ASP bietet daneben auch zwei Möglichkeiten zum serverseitigen Seitenübergang:

1. `Response.Redirect()` leitet den Browser mit dem HTTP-Rückgabewert *302* zu einer anderen Seite. Wenn Sie Werte an die neue Seite übergeben wollen, müssen Sie einen entsprechenden Querystring zusammenbauen (`Response.Redirect("seitenname.aspx?attribut=wert&...")`) oder aber das State Management nutzen (siehe Kapitel 8).

2. `Server.Transfer()` führt einen reinen serverseitigen Seitenübergang durch, indem die Programmausführung in einer anderen Datei fortgesetzt wird. Werte können hier allerdings nicht per Querystring, sondern nur durch die Möglichkeiten des State Managements übergeben werden.

Seitenübergänge in Webforms

Webcontrols laufen serverseitig, was auch zu einer Änderung im Ablaufmodell, also beim Übergang von einer ASPX-Seite (Webform) zur nächsten führt.

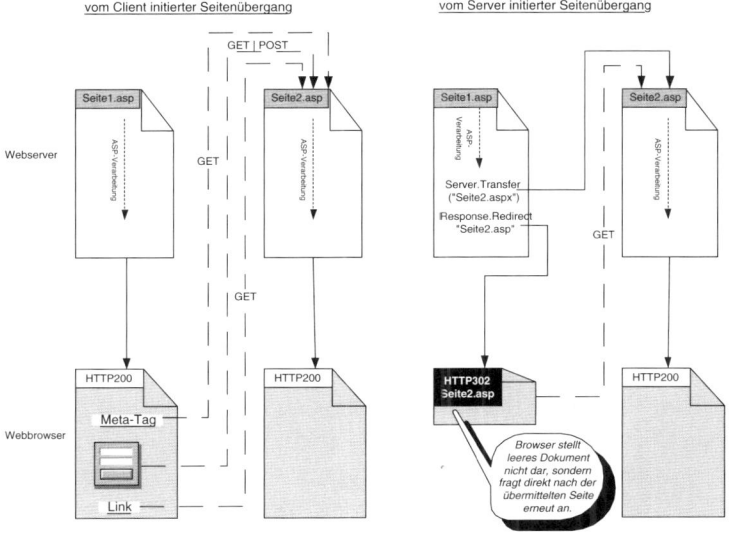

Abbildung 4.12: Seitenübergänge im klassischen ASP

ASP.NET geht in seinem Anwendungsmodell etwas weg von Seitenübergängen und hin zu einem Modell, in dem ASPX-Seiten ihre Angelegenheiten primär selbst regeln. Ein Seitenübergang von einer zur nächsten Webseite erfolgt in ASP.NET so, dass zunächst die aktuelle Seite erneut aufgerufen wird, damit die dort hinterlegten Ereignisbehandlungsroutinen ausgeführt werden können. Erst nachdem diese abgearbeitet wurden, erfolgt (wahlweise serverseitig oder durch einen clientseitigen Redirect) der Aufruf der nächsten Seite. Dies nennt man *Postback-Architektur*.

Weniger Seitenübergänge

> Ein eventuell vorhandenes Action-Attribut im `<form>`-Tag wird ignoriert, wenn das `<form>`-Tag über das Attribut `runat="server"` verfügt. Das ist auch notwendig, da sonst die Ereignisbehandlungsroutinen gar nicht ausgeführt werden könnten.

Natürlich ist es dennoch notwendig, Konstrukte für den Seitenübergang nach einem Postback zu haben, da man sonst immer nur auf einer Seite verbleiben oder aber dem Benutzer durch einen Hyperlink clientseitig die Möglichkeit zur Navigation geben müsste.

ASP.NET bietet die gleichen zwei Methoden zur durch den Servercode initiierten Client-Navigation (`Response.Redirect()` und `Server.Transfer()`), die es auch schon im klassischen ASP gab. Allerdings ist die Implementierung anders.

Serverseitiger Übergang mit Redirect()

HTTP-Code 302 `Redirect()` leitet genau wie im klassischen ASP den Browser mit dem HTTP-Rückgabewert *302* zu einer anderen Seite. Anders als beim klassischen ASP ist es nicht schlimm, wenn Sie vor einem `Redirect()` schon Ausgaben gemacht haben. ASP.NET kann damit umgehen.

Serverseitiger Übergang mit Transfer()

Von einem `Server.Transfer()` bekommt der Browser dagegen überhaupt nichts mit: Die serverseitige Ausführung wird einfach mit dem Code einer anderen Datei fortgesetzt. Für den Browser ändert sich nicht einmal der URL, denn er bekommt den Inhalt einer anderen Seite unter dem ursprünglich angefragten URL. Für die Übergabe von Variablen zwischen den beiden Seiten bot das klassische `Server.Transfer()` nur die Möglichkeit, Werte in den `Application`- und `Session`-Collections zu speichern; das Anhängen eines Querystrings an den URL war beim Einsatz von `Transfer()` verboten. ASP.NET bietet nun zwei Optionen:

Mit Querystring 1. Anhängen eines Querystrings: Damit ist `Server.Transfer()` aus der Sicht des Entwicklers fast gleich mit einem `Response.Redirect()`. Es bleibt aber der Vorteil, dass kein Roundtrip notwendig ist und der Browser von der Umleitung nichts mitbekommt, weil der URL sich nicht ändert.

Direkter Klassenzugriff 2. Die Folgeseite kann auch direkt auf alle Intrinsic Objects der aufrufenden Seite und auf alle öffentlichen Variablen der zugehörigen Code-Behind-Klasse zugreifen. Die Folgeseite erhält einen Zeiger auf das aufrufende Objekt über `context.Handler`.

> Dass sich der URL im Browser nicht ändert, hat aus der Sicht des Anwenders auch einen Nachteil: Man kann kein Lesezeichen auf die Folgeseite setzen, weil sie aus der Sicht des Browsers den gleichen URL wie die erste Seite hat.

Clientseitiger Übergang

Es gibt auch in ASP.NET ein `HyperLink`-Control, das einen clientseitigen Seitenübergang vollzieht, ohne vorher einen Postback vorzunehmen. Zu beachten ist aber, dass nach einem Klick des Benutzers auf einen solchen Link alle Änderungen an den Formularfeldern verworfen werden.

> Außerdem kann ein clientseitiger Übergang natürlich auf Wunsch alternativ durch normale HTML-Tags (`<a href="...">` oder `<input type="submit">`) erreicht werden.

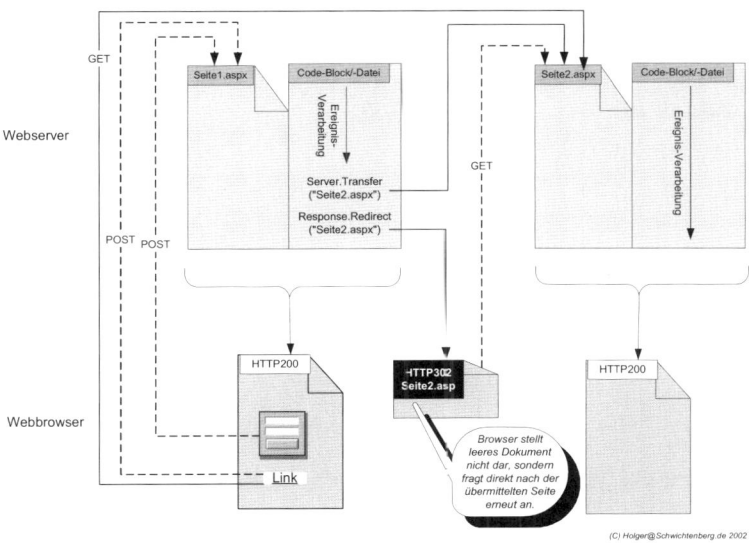

Abbildung 4.13: Seitenübergänge in Webforms

Beispiel

Das folgende Beispiel stellt alle Alternativen zum Seitenübergang in ASP.NET-Webforms gegenüber:

1. Die erste Spalte realisiert den Seitenübergang mit `Transfer()` und direktem Zugriff auf die aufrufende Klasse.

   Vier Alternativen

2. Die zweite Spalte verwendet `Transfer()` mit einem Querystring.

3. In der dritten Spalte wird `Redirect()` mit Querystring verwendet.

4. Die vierte Spalte ist ein clientseitiger Übergang, bei dem das `Hyperlink`-Control statt eines `LinkButton` zum Einsatz kommt. Dies ist der einzige Fall, bei dem der Wert des Eingabefeldes nicht an die Folgeseite übermittelt wird.

> Mit Ausnahme der letzten Spalte gibt es in jeder Spalte zwei alternative Navigationsmöglichkeiten, einmal per Link und zum anderen per Button. Sie werden aber sehen, dass es dort keinen Unterschied gibt. Den gäbe es lediglich beim clientseitigen Übergang per »Submit«-Button. Das ist jedoch in dieses Beispiel nicht integrierbar, da nur ein `<form>`-Tag pro ASPX-Seite erlaubt ist.

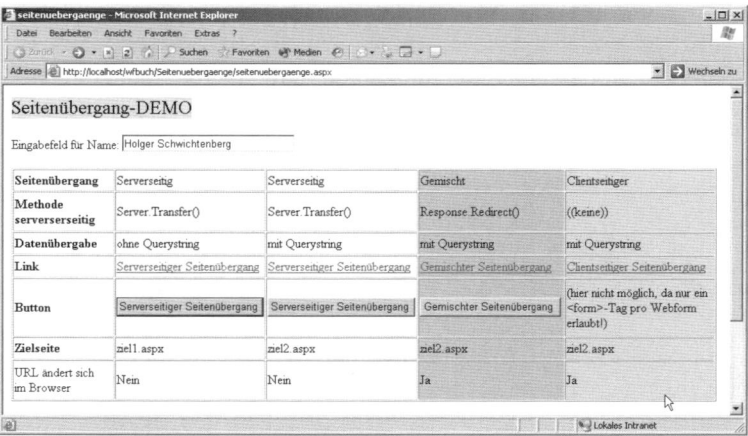

Abbildung 4.14: Demo-Anwendung zum Vergleich der verschiedenen Seitenübergänge [seitenuebergaenge.aspx]

Postback per JavaScript

Die Links in den ersten drei Spalten sind mit der JavaScript-Funktion
für den manuellen Postback verknüpft, da ein Link normalerweise
keine Formulardaten übermittelt. Der vierte Link ist ein normaler
HTML-Hyperlink. Wenn Sie darauf klicken, werden Sie bemerken, dass
Ihre Eingabe nicht an *ziel2.aspx* weitergegeben wurde.

Implementierung der aufrufenden Datei

Tags für Webcontrols

Das folgende Listing zeigt nur die Tags für die Webcontrols, da die der
Formatierung dienenden HTML-Codes für das Verständnis hier nicht
relevant sind.

```
<asp:LinkButton id="LinkButton1" runat="server">
Serverseitiger Seitenübergang</asp:LinkButton>

<asp:LinkButton id="LinkButton2" runat="server">
Serverseitiger Seitenübergang</asp:LinkButton>

<asp:LinkButton id="LinkButton3" runat="server">
Gemischter Seitenübergang</asp:LinkButton>

<asp:HyperLink id="HyperLink" runat="server" NavigateUrl="ziel.aspx">
Clientseitiger Seitenübergang
</asp:HyperLink>

<asp:Button id="Button1" runat="server" Text="Serverseitiger
Seitenübergang" Width="184px"></asp:Button>

<asp:Button id="Button2" runat="server" Text="Serverseitiger
Seitenübergang " Width="184px"></asp:Button>
```

```
<asp:Button id="Button3" runat="server" Text="Gemischter
Seitenübergang " Width="176px"></asp:Button>
```

Listing 4.8: Ausschnitt aus Seitenuebergang.aspx

Code-Behind-Datei

Das nächste Listing zeigt die in der zugehörigen Code-Behind-Datei hinterlegten Ereignisbehandlungsroutinen für die Webcontrols in den Spalten 1 bis 3. Dabei wurden jeweils der Button und der Linkbutton an die gleiche Ereignisbehandlungsroutine gebunden. Am Code erkennt man, dass die Spalte 1 auf die Seite *ziel1.aspx* weiterleitet, während die anderen beiden Varianten auf *ziel2.aspx* weiterleiten. Dies ist sinnvoll, da die Verarbeitung im ersten Fall eine andere ist. Wenn es nicht darum geht, den Code möglichst übersichtlich zu halten, könnte man unter Verwendung entsprechender Fallunterscheidungen beide Fälle natürlich in die gleiche Seite nehmen.

Ereignisbehandlung in aufrufender Seite

```
' --- Spalte 1
Public eingegebenerName As String
   Private Sub LinkButton1_Click(ByVal sender As System.Object, ByVal e
As System.EventArgs) Handles LinkButton1.Click, Button1.Click
      eingegebenerName = Eingabe.Text
      Server.Transfer("ziel1.aspx")
End Sub

' --- Spalte 2
Private Sub LinkButton2_Click(ByVal sender As System.Object, ByVal e
As System.EventArgs) Handles LinkButton2.Click, Button2.Click
      Server.Transfer("ziel2.aspx?eingabe=" & Eingabe.Text)
End Sub

' --- Spalte 3
Private Sub LinkButton3_Click(ByVal sender As System.Object, ByVal e
As System.EventArgs) Handles LinkButton3.Click, Button3.Click
      Response.Redirect("ziel2.aspx?eingabe=" & Eingabe.Text)
End Sub
```

Listing 4.9: Ereignisbehandlungsroutinen aus Seitenuebergang.aspx.vb

Implementierung der Folgeseite

Die Implementierung des Zugriffs auf die übergebenen Werte in der aufgerufenen Datei erfolgt im Fall der Übergabe mit Hilfe des Querystrings (Spalte 2 und 3) ganz einfach über das Request-Objekt.

Auslesen des Querystrings

```
Private Sub Page_Load(ByVal sender As System.Object, ByVal e As
System.EventArgs) Handles MyBase.Load
    ausgabe.Text = Request("eingabe")
    If ausgabe.Text = "" Then ausgabe.Text = "((nichts))"
End Sub
```

Listing 4.10: ziel2.aspx.vb

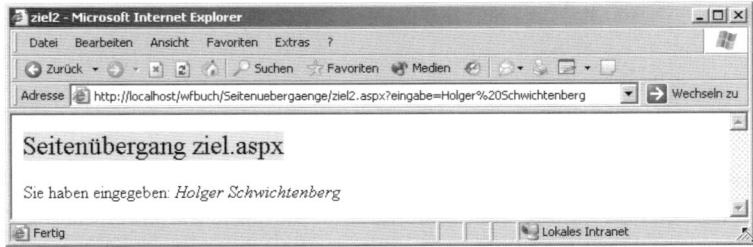

Abbildung 4.15: Der Browser wurde durch das Redirect() auf eine andere Seite umgelenkt [ziel2.aspx].

Direktzugriff Das nächste Listing zeigt nun, wie *ziel1.aspx* auf das Objekt zugreift, das die Seite mit `Transfer()` aufgerufen hat. `context.Handler` wird auf die Klasse des aufrufenden Objekts (`Seitenuebergaenge`) gecastet, damit frühe Bindung verwendet werden kann.

```
Private Sub Page_Load(ByVal sender As System.Object, ByVal e As
System.EventArgs) Handles MyBase.Load
    ' --- direkter Zugriff auf die aufrufende Klasse
    Dim vorherige As seitenuebergaenge
    vorherige = CType(context.Handler, Seitenuebergaenge)
    ausgabe.Text = vorherige.eingegebenerName
    If ausgabe.Text = "" Then ausgabe.Text = "((nichts))"
End Sub
```

Listing 4.11: ziel1.aspx.vb

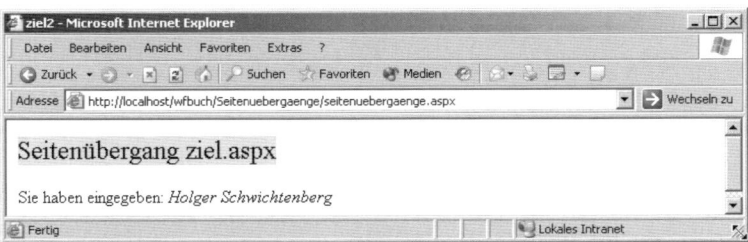

Abbildung 4.16: Beim Einsatz von Transfer() verändert sich der Browser-URL nicht und man sieht keinen Querystring [ziel1.aspx].

Direktzugriff im Single-File-Modell

Einen besonderen Trick muss man anwenden, wenn man aus dem Single-File-Modell auf das aufrufende Objekt zugreifen will, da es ja in diesem Fall keine gemeinsame Assembly aller Dateien gibt:

Direktzugriff im Single-File-Modell

1. Die aufgerufene ASPX-Datei muss die aufrufende ASPX-Datei referenzieren.

```
<%@ Reference Page="aufrufer.aspx"%>
```

2. Man muss als Klassennamen den in der aufrufenden Seite vergebenen Klassennamen verwenden.

```
Sub Page_Load(ByVal sender As System.Object, ByVal e As
System.EventArgs) Handles MyBase.Load
 Dim vorherige As asp.aufrufer_asp
  vorherige = CType(context.Handler, asp.aufrufer_asp)
  Response.write("Zugriff aus der ASPX-Seite:" &
vorherige.eingegebenerName)
end sub
```

Es bietet sich daher an, in der aufrufenden Seite den Klassennamen manuell zu vergeben.

```
<%@ Page Language="vb" ClassName="xyz" ...%>
```

5 Programmieren mit Webcontrols

Dieses Kapitel beschäftigt sich ausführlich mit den verschiedenen Steuerelementen in ASP.NET Webforms.

5.1 Typen von Steuerelementen in Webforms

Es gibt insgesamt drei Typen von Steuerelementen, die in einem Webform existieren können:

1. **HTML Client Controls**

   Dies sind die bekannten standardisierten HTML-Tags (z.B. `<input type="text"...>` oder `<textarea>...</textarea>`). Sie sind weiterhin erlaubt und können wie bisher auf der Folgeseite über das `Request`-Objekt abgefragt werden. Für diese Elemente werden jedoch keine serverseitigen Ereignisse erzeugt und auch die Eigenschaften dieser Elemente können nur auf traditionellem Wege durch Hinausschreiben von HTML-Code geändert werden.

   ```
   <P>Bitte URL eingeben:</P>
   <INPUT type="text" name="CC_Feld">
   <INPUT type="submit" value="OK" name="CC_Button">
   ```
   Beispiel

2. **HTML Server Controls**

   Diese Steuerelemente sind eine konzeptionelle Mischung aus den Standard-HTML-Elementen und den Webcontrols. Das Tag für ein HTML Server Control entspricht einem normalen HTML-Tag, nur mit dem Zusatzattribut `runat="server"`. Diese Controls besitzen eine serverseitige Ereignisbehandlung und können wie Web Server Controls objektorientiert verändert werden. Sie erlauben auch die Datenbindung.

   Es besteht eine 1:1-Abbildung zwischen HTML Server Control und HTML-Tags: Bei der Umsetzung der Seite erzeugt ASP.NET aus jedem HTML Server Control genau ein Tag.

   ```
   <P id="HSC_Text" runat="server">Bitte URL eingeben:</P>
   <INPUT type="text" id="HSC_Feld" name="HSC_Feld" runat="server">
   <INPUT type="button" value="OK" name="HSC_Button" id="HSC_Button"
   runat="server">
   ```
   Beispiel

3. **Web Server Controls (Webcontrols)**

   Diese Steuerelemente besitzen eigene Tags, die mit `asp:` beginnen. Es gibt keine 1:1-Abbildung zu HTML-Elementen: ASP.NET kann ein Web Server Control in mehrere HTML-Tags umsetzen. So ist es möglich, komplexe Web Server Controls wie ein `DataGrid`- oder ein `Calendar`-Steuerelement bereitzustellen. Die Syntax der Web Server Controls ist ganz anders als die eines HTML-Tags. Microsoft hat viele Inkonsistenzen aus der HTML-Spezifikation verbessert.

Zudem erfolgt die Umsetzung browserspezifisch, denn ASP.NET berücksichtigt bei diesen Steuerelementen Browsertyp und -version. Bezüglich des Programmiermodells gibt es hier die weitestgehende Unterstützung: Es gibt spezielle Steuerelemente für die Eingabeprüfung, die nur unter bestimmten Bedingungen sichtbar werden (Validation Controls), Ereignisse können auch für eingebettete Elemente abgefangen werden und es ist möglich, eigene Web Server Controls (so genannte User Controls) zu entwickeln.

Beispiel

```
<asp:Label id="WSC_Text" runat="server">Bitte URL eingeben:
</asp:Label>
<asp:TextBox id="WSC_Feld" runat="server">
</asp:TextBox>
<asp:Button id="WSC_Button" runat="server" Text="OK">
</asp:Button>
```

> Die Namensgebung ist Microsoft an dieser Stelle wieder einmal misslungen: Die Begriffe Web Server Control und Webcontrol sind zu allgemein, um eine Untermenge der Server Controls zu bezeichnen.

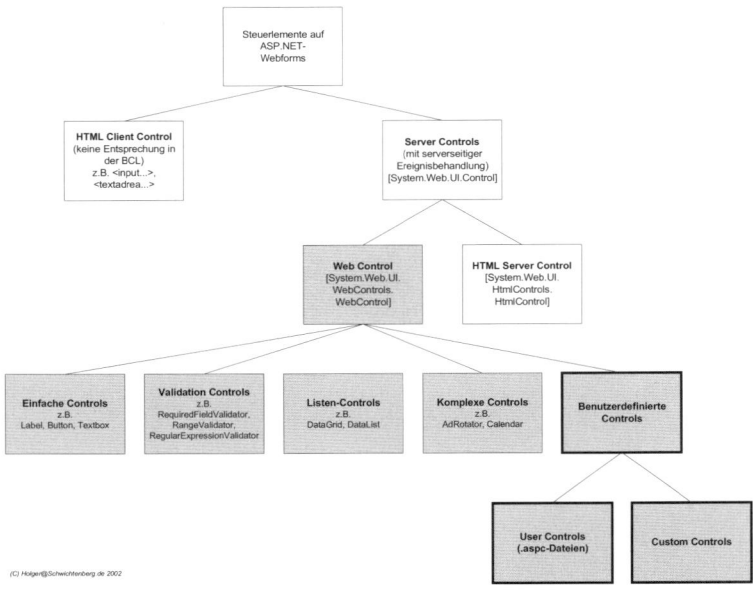

Abbildung 5.1: Überblick über die möglichen Steuerelemente in Webforms

Die Vorteile der Web Server Controls überwiegen deutlich. Es stellt sich also die Frage, warum es überhaupt noch HTML Client Controls und HTML Server Controls in Webforms gibt. Die Antwort ist: Ressourcenverbrauch und Kompatibilität. Client Controls verbrauchen weit weniger Ressourcen im Vergleich zu Web Server Controls und sind daher immer dann vorzuziehen, wenn sie im Ablauf der Webanwendung statisch sind und eine serverseitige Ereignisbehandlung nicht gewünscht ist. Aus einem Client Control kann man sehr einfach ein HTML Server Control machen und damit viele Vorteile der Webforms nutzen, ohne gleich den kompletten HTML-Code zu ändern.

Warum nicht nur noch Webcontrols?

Beispiel

An einem einfachen Beispiel können einige Unterschiede zwischen den verschiedenen Control-Typen demonstriert werden. *Controltypen.aspx* erzeugt ein Dokument mit drei Eingabefeldern und drei Buttons, jeweils mit verschiedenen Control-Typen realisiert.

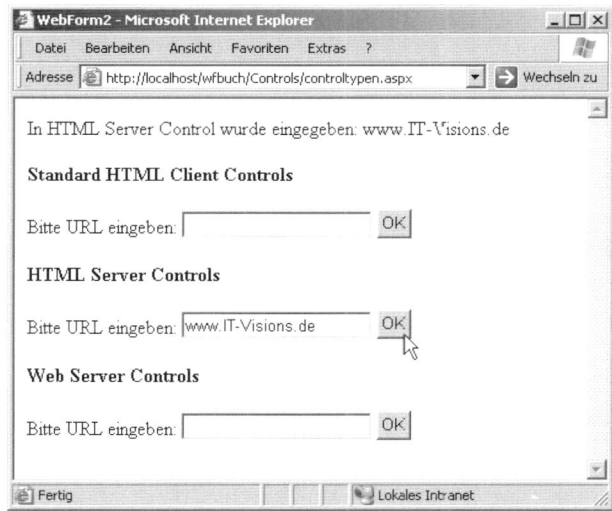

Abbildung 5.2: Anzeige von Controltypen.aspx nach Klick auf den zweiten HTML Server Control-Button

In der Realisierung (siehe nächstes Listing) fällt auf, dass es für HTML Server Controls und Web Server Controls nur ein einziges `<form>`-Tag gibt. Da ASP.NET nur ein serverseitiges `<form runat="server">` erlaubt, mussten diese beiden Formulare zusammengefasst werden. Dies hat aber keinen Einfluss auf die Funktionalität, da sowieso beide Arten von Steuerelementen serverseitig behandelt werden. Es ist aber möglich, beliebig viele clientbasierte `<form>`-Tags auf einem Webform zu platzieren.

```
        <! --- Client Formular --->
<form id="CC_Form" method="post">
  <P><STRONG>Standard HTML Client Controls</STRONG></P>
  <P>Bitte URL eingeben: <INPUT type="text" name="CC_Feld">
<INPUT type="submit" value="OK" name="CC_Button"></P>
</form>
        <! --- Server Formular --->
<form id="SC_Form" method="post" runat="server">
  <! --- HTML Server Control --->
  <P><STRONG>HTML Server Controls</STRONG></P>
  <P id="HSC_Text" runat="server">Bitte URL eingeben: <INPUT
type="text" id="HSC_Feld" name="HSC_Feld" runat="server">
<INPUT type="button" value="OK" name="HSC_Button" id="HSC_Button"
runat="server"></P>
  <! --- Web Server Control --->
  <P><STRONG>Web Server Controls</STRONG></P>
  <asp:Label id="WSC_Text" runat="server">Bitte URL eingeben:
</asp:Label>
  <asp:TextBox id="WSC_Feld" runat="server"></asp:TextBox>
  <asp:Button id="WSC_Button" runat="server" Text="OK"></asp:Button>
</form>
```

Listing 5.1: Controltypen.aspx

5.2   Überblick über die Webcontrols

Die Web Server Controls (im Folgenden kurz *Webcontrols* genannt) sind in dem FCL-Namespace System.Web.UI.WebControls aus der *System.Web.dll* realisiert. Alle Webcontrols erben von der Basisklasse System.Web.UI.Web-Controls.WebControl, die wiederum eine Unterklasse von System.Web.UI. Control ist. Nur einige wenige Webcontrols erben direkt von System. Web.UI.Control. Auch die Klasse System.Web.UI.Page, die den Container für alle Webcontrols einer ASPX-Seite darstellt, ist von System.Web.UI.Control abgeleitet. Die folgende Abbildung zeigt die komplette Vererbungshierarchie.

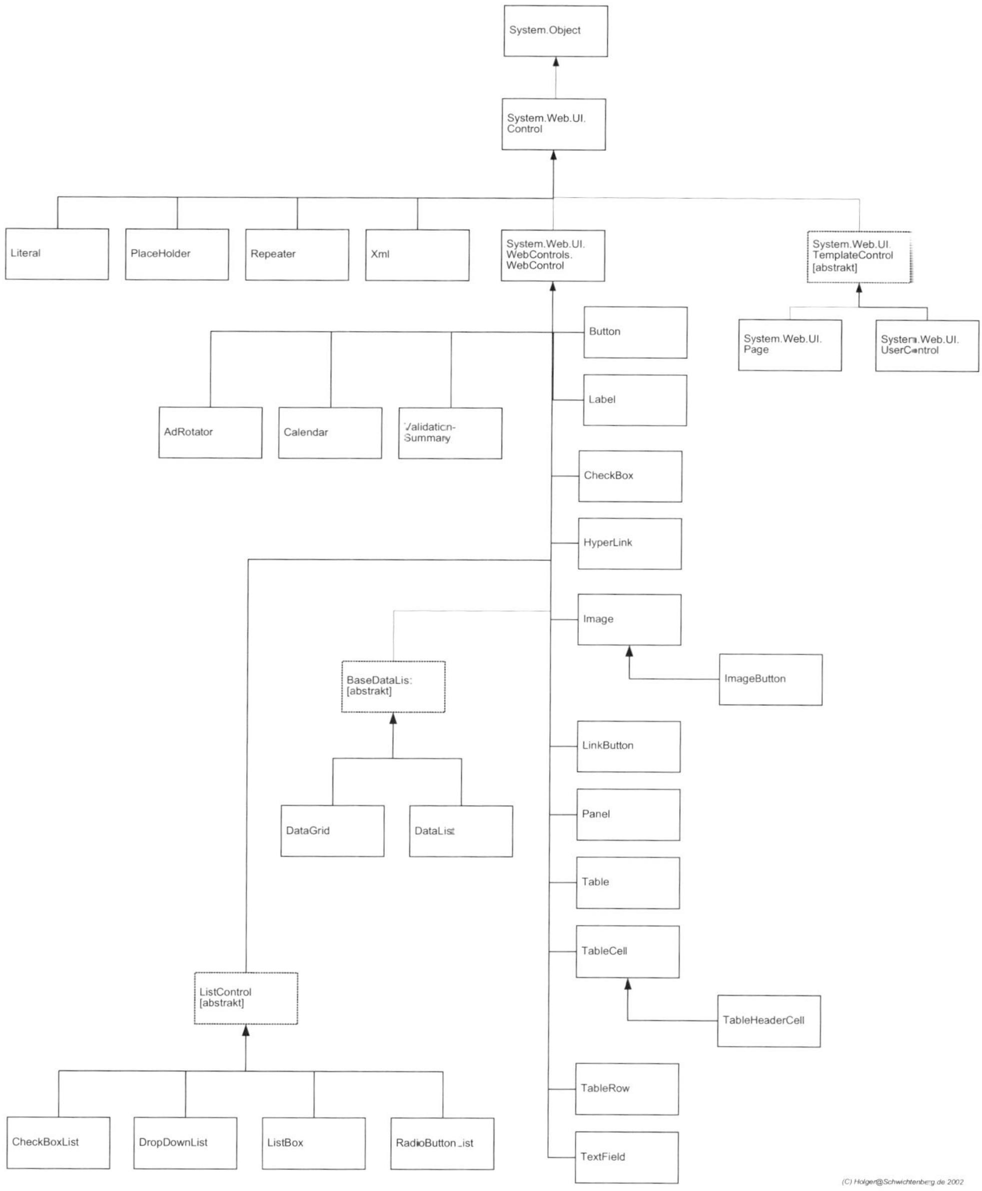

The diagram shows the inheritance hierarchy of the Webcontrols:

- System.Object
  - System.Web.UI.Control
    - Literal
    - PlaceHolder
    - Repeater
    - Xml
    - System.Web.UI.WebControls.WebControl
      - Button
      - Label
      - CheckBox
      - HyperLink
      - Image
        - ImageButton
      - LinkButton
      - Panel
      - Table
      - TableCell
        - TableHeaderCell
      - TableRow
      - TextField
      - AdRotator
      - Calendar
      - ValidationSummary
      - BaseDataList [abstrakt]
        - DataGrid
        - DataList
      - ListControl [abstrakt]
        - CheckBoxList
        - DropDownList
        - ListBox
        - RadioButtonList
    - System.Web.UI.TemplateControl [abstrakt]
      - System.Web.UI.Page
      - System.Web.UI.UserControl

(C) Holger@Schwichtenberg.de 2002

Abbildung 5.3: Vererbungshierarchie der Webcontrols

Objektmodell

Die folgende Grafik zeigt das Objektmodell der Oberklasse `System.Web.UI.WebControls.WebControl`.

61

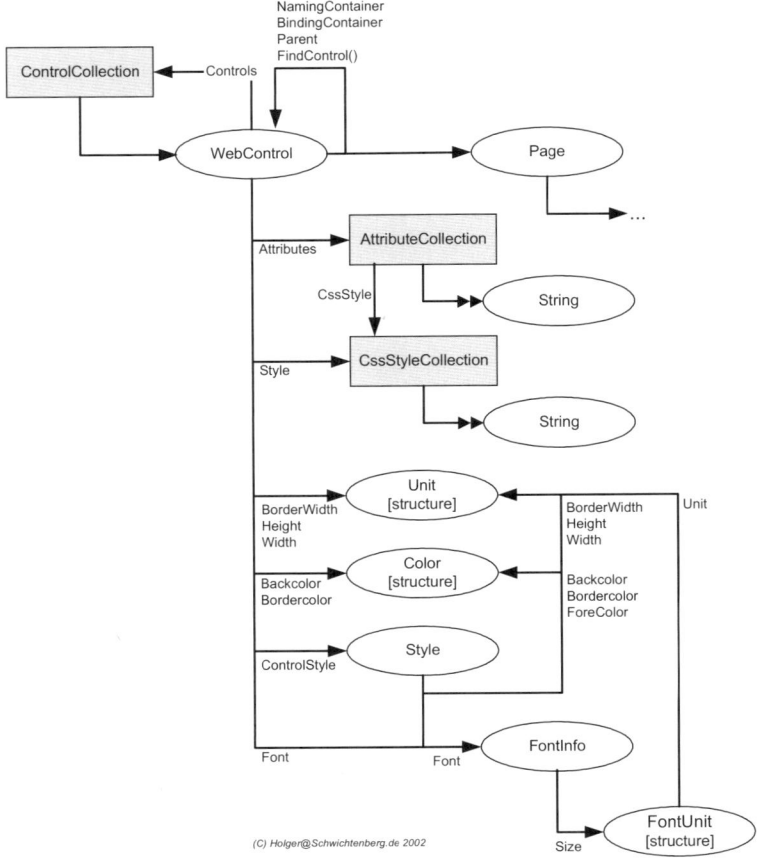

Abbildung 5.4: Objektmodell für System.Web.UI.WebControls.WebControl

Attribute

Die folgende Tabelle enthält die wichtigsten Attribute der Klasse WebControl, die Sie in allen Webcontrols wiederfinden werden.

Attributname	Vererbt von der Klasse Control	Erläuterung
AccessKey		Tastatur-Shortcut für dieses Steuerelement in der HTML-Seite
Attributes		Liste der zusätzlichen Attribute dieses Steuerelements in Form einer Attributes-Collection (ein Steuerelement kann sowohl im Quelltext der ASPX-Seite als auch per Programmcode um eigene Attribute ergänzt werden!)

Tabelle 5.1: Attribute der Klasse »WebControl«

Attributname	Vererbt von der Klasse Control	Erläuterung
BackColor		Verweise auf eine Struktur vom Typ Color, eine Datenstruktur, die die Hintergrund- farbe festlegt
BorderColor		Rahmenfarbe
BorderStyle		Rahmenart
BorderWidth		Rahmenbreite
ClientID	Ja	Die Client-ID ist der Wert, der in der HTML- Ausgabe als ID-Attribut des erzeugten HTML-Tags ausgegeben wird. Dieser Wert dient zum Beispiel der Bindung an DHTML- Ereignisse. Die Client-ID entspricht im Wesentlichen der UniqueID, jedoch sind die Punkte durch Unterstriche ersetzt.
Controls	Ja	Verweis auf ein Objekt vom Typ Controls- Collection, das die Unterelemente dieses Steuerelements enthält
ControlStyle		Dies ist der Verweis auf ein Unterobjekt vom Typ Style, das wiederum Unterobjekte hat, die das Aussehen des Steuerelements (Farben, Schriftarten etc.) festlegen.
ControlStyle Created		Zeigt, ob es ein ControlStyle-Objekt gibt
CssClass		Name einer CSS-Klasse, die zur Formatie- rung verwendet werden soll (HTML-Attribut class)
Enabled		Legt fest, ob Eingaben in das Steuer- element möglich sind
EnableView State	Ja	Legt fest, ob der Wert dieses Elements im ViewState abgelegt wird
Font		Verweis auf ein Objekt vom Typ Font, das die Schriftart festlegt
ForeColor		Verweis auf eine Struktur vom Typ Color, die die Schriftfarbe festlegt
Height		Höhe des Steuerelements
ID	Ja	Name des Elements, so wie er im Quelltext der ASPX-Seite vergeben wurde
Page	Ja	Zeiger auf das Page-Objekt, zu dem die Seite gehört
Parent	Ja	Zeiger auf das übergeordnete Steuer- element
Style		Verweis auf eine CssStyleCollection, die einzelne Strings mit den zugeordneten CSS-Styles enthält

Tabelle 5.1: Attribute der Klasse »WebControl« (Fortsetzung)

Attributname	Vererbt von der Klasse Control	Erläuterung
TabIndex		Position innerhalb der Sprungliste der Steuerelemente in diesem Formular (bei Bewegung mit der Tabulatortaste)
Template Source Directory	Ja	Relativer Pfad (von der Wurzel des Webs aus gesehen) des Verzeichnisses, in dem die ASPX-Datei liegt, in der das Steuerelement implementiert ist
ToolTip		Hinweistext, der beim »Berühren« des Steuerelements mit der Maus erscheint
UniqueID	Ja	Eindeutiger Name. Dies ist der Inhalt des ID-Attributs des Steuerelements, der von ASP.NET dann um eine eindeutige Bezeichnung ergänzt wird, wenn das Steuerelement durch eine Wiederholung (z.B. durch das Repeater- oder das DataList-Control) mehrfach kommen kann.

Beispiel: *Ergebnisliste:_ctl2:Eintrag* bezeichnet die dritte Instanz des Steuerelements »Eintrag« unterhalb des Steuerelements »Ergebnisliste« (die Zählung beginnt bei 0!). |
| Visible | Ja | Legt fest, ob das Steuerelement sichtbar ist |
| Width | | Breite des Steuerelements |

Tabelle 5.1: Attribute der Klasse »WebControl« (Fortsetzung)

Methoden

Die folgende Tabelle enthält die wichtigsten Methoden der Klasse Web-Control, die man in allen Webcontrols wiederfindet.

Methodenname	Vererbt von der Klasse Control	Erläuterung
ApplyStyle()		Löscht alle bestehenden CSS-Einträge für dieses Steuerelement und überschreibt sie mit den angegebenen
CopyBase Attributes()		Kopieren der zusätzlichen Attribute zwischen zwei Steuerelementen
DataBind()	Ja	Ausführung der Datenbindung an die im Attribut DataSource bezeichnete Datenquelle
Dispose()	Ja	Freigabe aller Ressourcen, die das Control belegt. Danach ist es unbrauchbar.

Tabelle 5.2: Methoden der Klasse »WebControl«

Methodenname	Vererbt von der Klasse Control	Erläuterung
FindControl()	Ja	Suche eines untergeordneten Controls anhand seines Namens
HasControls()	Ja	Gibt True zurück, wenn das Steuerelemente ein Container ist und Unter-Steuerelemente enthält
MergeStyle()		Diese Methode erwartet als Argument ein Style-Objekt. Das Control enthält danach die Obermenge der bisherigen CSS-Angaben und der neuen CSS-Angaben.
ResolveUrl()	Ja	Auflösung eines Pfades relativ zum Verzeichnis, in dem die ASPX-Datei liegt

Tabelle 5.2: Methoden der Klasse »WebControl« (Fortsetzung)

In dieser Tabelle nicht genannt sind die Methoden ToString(), GetType(), Equals() und GetHashCode(), die jede Klasse im .NET Framework von der absoluten Oberklasse System.Object erbt. Diese Methoden haben in der WebControl-Klasse keine besondere Bedeutung.

Standardereignisse

Von der Basisklasse System.Web.UI.WebControls.WebControl erbt jedes Webcontrol sechs Ereignisse. Jedes Webcontrol besitzt mindestens diese sechs Ereignisse. Es gibt Webcontrols (z.B. Label, HyperLink) die darüber hinaus keine eigenen Ereignisse mehr definieren.

Ereignis	Erläuterung
Init()	Die Initialisierung ist der erste Schritt im Lebenszyklus eines Controls.
Load()	Nach der Initialisierung folgt der Ladevorgang.
DataBinding()	Tritt bei der Bindung von datengebundenen Steuerelementen an eine Datenquelle ein
PreRender()	Dieses Ereignis tritt ein, bevor ASP.NET mit der Generierung des HTML-Codes beginnt. Diese Ereignisbehandlungsroutine ist die letzte Chance, noch Attribute von Steuerelementen zu ändern oder Ausgaben mit Response.Write() zu machen.
UnLoad()	Dieses Ereignis wird gefeuert, wenn die Generierung der Webseite beendet ist und die einzelnen Steuerelement-Objekte vernichtet werden können.
Disposed()	Dieses Ereignis ist das letzte Ereignis im Lebenszyklus eines Controls.

Tabelle 5.3: Ereignisse der Klasse »WebControl«

Ermittlung der Ereigniskette

Reihenfolge der Ereignisse

Für die Programmierung ist es interessant, in welcher Reihenfolge die einzelnen Ereignisse gefeuert werden. Das folgende Webform dokumentiert die Aufrufreihenfolge der einzelnen Ereignisbehandlungsroutinen, indem es den Namen der Routine mit dem klassischen ASP-Befehl Response.Write() an den Client sendet.

Die Ausgabe zeigt die Ereigniskette nach dem Ändern des Inhalts im Textfeld, dem Ändern der Auswahl im Drop-Down-Menü und dem Klick auf den Button. Änderungs-Ereignisse werden gefeuert in der Reihenfolge der Eingabesteuerelemente in der Webseite, das Click()-Ereignis für den Button kommt aber zum Schluss.

Abbildung 5.5: Ereigniskette.aspx

Ausgaben mit Response.Write() gehen an den Client, bevor die eigentliche Seite gesendet wird, also auch bevor das beginnende <html>-Tag aus der ASPX-Seite übermittelt wird. Dennoch ist Response.Write() hier ein guter Ansatz gegenüber dem Füllen eines Label-Controls, denn es liefert eine Fehlermeldung, wenn das Schreiben an den Client noch nicht oder nicht mehr erlaubt ist. Das Setzen des Attributs eines Webcontrols ist immer möglich, unter Umständen hat dies aber gar keine Wirkung. Zum Zeitpunkt des UnLoad()-Ereignisses ist der HTML-Code bereits fertig generiert für die Übermittlung an den Client. Im Konstruktor (new())

der Webseiten-Klasse (die Klasse, die von `System.Web.UI.Page` erbt) ist es weder möglich, auf die Steuerelemente zuzugreifen, noch Ausgaben mit `Response.Write()` zu erzeugen. Aus diesem Grund schreibt die Webseite die Ausgaben zusätzlich in eine Textdatei.

> Schreiben Sie sicherheitshalber keine Programme, die auf eine bestimmte Ausführungsreihenfolge der Ereignisse von verschiedenen Webcontrols angewiesen sind.

In der Ausgabe fällt auf, dass die Liste bei 2 beginnt und die `Unload()`-Ereignisse fehlen. Wie oben bereits dargestellt, kann in den Routinen `new()` und `UnLoad()` keine Ausgabe erfolgen. Das beweist auch die Protokolldatei:

```
01: new: Response.Write() NICHT möglich
02: Label_Init: Response.Write() möglich
03: Textbox_Init: Response.Write() möglich
04: Button_Init: Response.Write() möglich
05: Page_Init: Response.Write() möglich
06: Page_Load: Response.Write() möglich
07: Label_Load: Response.Write() möglich
08: Textbox_Load: Response.Write() möglich
09: Button_Load: Response.Write() möglich
10: Textbox_TextChanged: Response.Write() möglich
11: DropDownList_SelectedIndexChanged: Response.Write() möglich
12: Button_Click: Response.Write() möglich
13: Button_Command: Response.Write() möglich
14: Label_PreRender: Response.Write() möglich
15: Textbox_PreRender: Response.Write() möglich
16: Button_PreRender: Response.Write() möglich
17: Label_Unload: Response.Write() NICHT möglich
18: Textbox_Unload: Response.Write() NICHT möglich
19: Button_Unload: Response.Write() NICHT möglich
20: Page_UnLoad: Response.Write() NICHT möglich
```

Listing 5.2: Inhalt der von Ereigniskette.aspx erzeugten Protokolldatei

Das zugehörige Listing ist in weiten Teilen eintönig und wird daher hier aus Platzgründen nur ausschnittweise wiedergegeben.

Implementierung

```
Private Sub Page_Load(ByVal sender As System.Object, ByVal e As
    System.EventArgs) Handles MyBase.Load
        out("Page_Load")
End Sub

Private Sub Textbox_TextChanged(ByVal sender As System.Object,
    ByVal e As System.EventArgs) Handles Textbox.TextChanged
        out("Textbox_TextChanged")
End Sub
```

```
            Private Sub Label_Init(ByVal sender As Object, ByVal e As
               System.EventArgs) Handles Label.Init
                  out("Label_Init")
            End Sub
            ...
            #Region "Hilfsroutinen"
            ' === Ausgaben
            Sub out(ByVal s As String)
               Const DATEINAME As String = "d:\data\webforms\Ereigniskette.txt"
               Dim ausgabe As String
               Static Dim count As Byte
               count = count + 1
               ausgabe = count.ToString("00") & ": " & s
               Try
               Response.Write(ausgabe & "<br>")
               ausgabe &= ": Response.Write() möglich"
               Catch
               ausgabe &= ": Response.Write() NICHT möglich"
               End Try
               log(ausgabe, DATEINAME)
            End Sub


               ' === Schreiben einer Protokolldatei
            Public Sub log(ByVal s As String, ByVal Datei As String)
               ' --- Datei öffnen
               Dim fs As FileStream = New FileStream(Datei, FileMode. _
               OpenOrCreate,FileAccess.Write)
               ' --- Stream öffnen
               Dim w As StreamWriter = New StreamWriter(fs)
               ' --- Anfügen am Ende
               w.BaseStream.Seek(0, SeekOrigin.End)
               ' --- Zeile schreiben
               w.WriteLine(s)
               ' --- Schließen
               w.Close()
               fs.Close()
            End Sub
            #End Region
```

Listing 5.3: Ausschnitt aus der Code-Behind-Datei von Ereigniskette.aspx

Befehle innerhalb von <% %>-Blöcken werden nach dem `Page_Load()`
und vor dem `Page_Unload()` ausgeführt.

Viewstate

Inhalt der Elemente   Der Viewstate ist die Zusammenfassung des Zustands aller Steuerelemente auf einem Webform. Zu dem Zustand gehören nicht nur die
Inhalte der Steuerelemente, sondern auch andere Attribute wie Schrift

und Farbe. Der Viewstate wird von ASP.NET bei jedem Generieren des HTML-Codes errechnet und in einer Zeichenkette gespeichert. Diese Zeichenkette baut ASP.NET dann in Form eines Hidden-Fields in die Seite ein, sodass der Viewstate beim nächsten Seitenaufruf wieder zur Verfügung steht.

Wenn beim Aufruf einer ASPX-Seite kein Viewstate zur Verfügung steht, dann weiß ASP.NET, dass die Seite zum ersten Mal aufgerufen wird, und setzt daraufhin das Attribut `Page.IsPostBack` auf `False`. Wenn ein Viewstate vorhanden ist, weiß ASP.NET, dass es sich um einen Roundtrip handelt und setzt `Page.IsPostBack` auf `True`. Außerdem stehen ASP.NET damit dann die Inhalte, wie sie beim letzten Generieren der Seite bestanden, zur Verfügung. Diese kann es mit den aktuellen Inhalten, die im Header der HTTP-Anfrage standen, vergleichen und daraus die geänderten Felder ermitteln und die entsprechenden Ereignisse auslösen.

Die `@Page`-Direktive bietet ein Attribut `enableViewState`, mit dem die Viewstate-Funktion ausgeschaltet werden kann. Das führt dann aber nicht dazu, dass nach einem Postback die Felder eines Formulars leer sind. ASP.NET braucht den Viewstate nicht, um die Felder beim Neuaufruf mit Voreinstellungen zu belegen, denn diese Werte gewinnt es aus im Header des HTTP-Request übermittelten Feldwerten. Der Viewstate sorgt aber dafür, dass der Vergleich zwischen alten und neuen Werten funktioniert. Ohne die Viewstate-Funktion kann ASP.NET zwar auch noch Ereignisse auslösen, jedoch vergleicht es den aktuellen Wert immer mit dem ursprünglichen Startwert.

enableViewState

An einem Beispiel soll dies verdeutlicht werden: In einem Textfeld steht als Standardwert die Zeichenkette »www.IT-Visions.de«. Wenn die Zeichenkette in »www.komponenten.info« geändert wird, löst ASP.NET – wie es korrekt ist – ein `TextChanged()`-Ereignis aus. Wird dann – dieses Mal ohne Änderung in dem Textfeld – die Seite durch Klick auf einen Button wieder aufgerufen, wird trotzdem ein `TextChanged()`-Ereignis ausgelöst, weil der Wert gegenüber dem Ausgangswert anders ist. Wenn man dann den Wert auf »www.IT-Visions.de« zurücksetzt, löst ASP.NET kein Ereignis aus, obwohl der Wert ja gegenüber dem letzten Aufruf geändert wurde. Der Grund dafür ist, dass der neue Wert wieder der Ausgangswert ist.

Beispiel

Tags der Steuerelemente

Jedes Webcontrol kann durch ein Tag in eine ASPX-Seite eingebaut werden. Alle diese Tags beginnen mit dem Präfix »asp:«. Danach folgt der Name der Klasse des Webcontrols, z. B. `<asp:textbox>`.

Es gelten folgende Voraussetzungen:

1. Jedes Tag muss wieder geschlossen werden.

2. Die Groß-/Kleinschreibung des Tag-Namens ist irrelevant.

3. Es muss immer das Attribut `runat="server"` angegeben werden.

4. Jedes Tag muss ein Attribut `id` mit einer innerhalb des Webforms eindeutigen Bezeichnung besitzen.

Attribute

Webcontrol-Tags besitzen Attribute, die den Namen der Attribute in der `WebControl`-Klasse entsprechen. Wenn ein Webcontrol mit Standardwerten arbeiten soll, dann müssen im ASPX-Quelltext diese Attribute ebenso wenig belegt werden, wie dies im Programmcode beim Zugriff auf das Objekt notwendig ist.

Sie können im ASPX-Quelltext nur die Attribute der zugehörigen Webcontrol-Klasse verwenden; andere Attribute (z.B. HTML-Attribute außer `id` und `runat`) werden ignoriert.

Quelltext	Liste der Attribute des Objekts in Visual Studio .NET

`<asp:TextBox`
`id="F_Name"`
`runat="server"`
`Width="202px"`
`BorderWidth="2px"`
`ForeColor="Blue"`
`Font-Names="Arial"`
`Font-Italic="True"`
`Font-Bold="True"`
`Font-Size="12pt">`
`Schwichtenberg`
`</asp:TextBox>`

Tabelle 5.4: Quelltext eines Steuerelements vs. Visual Studio .NET-Eigenschaftsfenster

Einige Attribute von Webcontrols können nur zur Laufzeit gesetzt werden. Der Versuch, diese Attribute deklarativ in der ASPX-Seite zu setzen, führt zu einem Fehler. Ein Beispiel dafür ist das Attribut `DataSource`, das die Datenquelle für datengebundene Webcontrols festlegt.

Andere Attribute (z.B. `Item` im `Repeater`-Control) sind read-only, weil sie von ASP.NET automatisch generiert werden. Sie können daher ebenfalls nicht per Attribut in der ASPX-Seite deklarativ belegt werden.

Festlegung der Steuerelement-Inhalte

Bei einigen Steuerelementen kann die Eigenschaft `Text` wahlweise in einem Attribut oder zwischen dem Start-Tag und dem Ende-Tag des Steuerelements festgelegt werden.

Text

Wertzuweisung im Inhalt des Elements	`<asp:TextBox`
	`id="Suchtext"`
	`runat="server">`
	`Holger Schwichtenberg`
	`</asp:TextBox>`

Wertzuweisung per Attribut	`<asp:TextBox`
	`id="Suchtext"`
	`runat="server"`
	`Text="Holger Schwichtenberg">`
	`</asp:TextBox>`

Unterelemente

ASP.NET erlaubt, dass Webcontrols wiederum andere Webcontrols enthalten. Im ASPX-Code gibt es drei Formen:

1. Webcontrol-Elemente können beliebige Webcontrols enthalten (z.B. beim `Panel`-Control).

2. Webcontrol-Elemente können ausgewählte Webcontrols enthalten. Z.B. enthalten die Controls `DropDownList`, `ListBox`, `CheckBoxList` und `RadioButtonList` Unter-Steuerelemente vom Typ `ListItem`.

3. Webcontrols können so genannte Templates enthalten, die wiederum beliebige andere Webcontrols enthalten (so z.B. beim `Repeater`-Control).

```
<asp:Panel id="Panel1" runat="server" Height="98px" Width="304px">
  Inhalt
  <asp:TextBox id="TextBox2" runat="server">
  </asp:TextBox>
  <asp:Label id="Label3" runat="server">
```

```
      Label
    </asp:Label>
</asp:Panel>
```

Listing 5.4: Verschachtelung von Webcontrols am Beispiel des Panel-Controls

```
<asp:DropDownList id="MengeProSeite" runat="server">
    <asp:ListItem Value="0">Alle</asp:ListItem>
    <asp:ListItem Value="20">20 pro Seite</asp:ListItem>
    <asp:ListItem Value="40">40 pro Seite</asp:ListItem>
</asp:DropDownList>
```

Listing 5.5: Verschachtelung von Webcontrols am Beispiel des DropDownList-Controls

```
<asp:Repeater id="Ergebnisliste" runat="server">
    <ItemTemplate>
        <asp:Label id="Label1" runat="server">
        Inhalt</asp:Label>
        <br>
        <asp:Button id="Button1" runat="server"Text="Button">
        </asp:Button>
    </ItemTemplate>
</asp:Repeater>
```

Listing 5.6: Templates in Webcontrols am Beispiel des Repeater-Controls

Implementierung Die Umsetzung dieser Beziehung in ein Objektmodell ist von Klasse zu Klasse unterschiedlich. `<asp:ListItem>` wird abgebildet durch ein Attribut `Item` vom Typ `System.Web.UI.WebControls.ListItemCollection`. Ein `Panel`-Control dagegen enthält die Unterelemente in einer `ControlCollection` im Attribut `Controls`. Die `Repeater`-Klasse enthält für jedes `<Template>`-Unterelement ein Unterobjekt.

Fehler in den Tags

Bei Fehlern in den Webcontrol-Tags ist ASP.NET unterschiedlich tolerant. Gegenüber fehlenden Anführungszeichen um die Attributwerte ist ASP.NET ebenso tolerant wie bezüglich der Groß-/Kleinschreibung der Tag-Namen.

Ungültiger Tag-Name Bei ungültigen Tag-Namen, fehlenden schließenden Tags oder dem Auslassen des Attributs `runat` ignoriert ASP.NET die Tags einfach und sendet sie als HTML-Code zum Client. Hier besteht natürlich die Gefahr, dass man durch solche Fehler Implementierungsdetails an den Benutzer offenbart. Visual Studio .NET gibt daher für diese Fehler Warnungen aus, weil es schon den ASPX-Code mit einem passenden XSD-Schema validiert.

Wenn beim Attribut runat etwas anderes als "server" angegeben wird, streikt der Compiler. Die Groß- und Kleinschreibung ist beim Attribut Inherits in der @Page-Direktive genau einzuhalten, da ASP.NET die Code-Behind-Klasse sonst nicht findet.

runat

Dynamische Attribute in Webcontrols

Normalerweise werden Sie die Attribute eines Webcontrols im Code-block durch eine Zuweisung an ein Attribut des entsprechenden Web-control-Objekts verwenden:

Attribute im Code setzen

```
CONTROLNAME.ATTRIBUT = AUSDRUCK
```

Sie haben aber auch die Möglichkeit, den Wert innerhalb des Steuerele-ment-Tags in der ASPX-Seite zuzuweisen. Um einen Wert an eine belie-bige Stelle (auch in ein Attribut eines HTML-Tags) einzusetzen, gab es im klassischen ASP eine Abkürzung der Form <%=AUSDRUCK%>. Diese Form mit dem Gleichheitszeichen direkt hinter dem vorderen Begren-zer ist auch in ASP.NET weiterhin grundsätzlich erlaubt – aber nicht in Webcontrol-Tags. Hier ist eine neue (etwas andere) Form, nämlich <%# AUSDRUCK %> zu verwenden:

```
<asp:label runat="server"
text="<%# HoleAutorenname()%>" ID="Label1" NAME="Label1">
</asp:label>
```

Listing 5.7: Beispiel für das dynamische Setzen eines Attributwertes in einem Steuer-element-Tag [Autorensuche.aspx]

In dem obigen Beispiel wird eine statische Methode der Code-Behind-Klasse aufgerufen. Will man nicht-statische Methoden aus einer anderen Klasse nutzen, benötigt man eine Instanz. Zur Instan-ziierung muss man nicht extra wieder einen <script>-Block aufma-chen; es geht auch in einem Ausdruck:

```
text="<%# (new wf.KLASSENNAME).METHODE()%>"
```

5.3   Einfache Webcontrols

Zunächst sollen diejenigen Webcontrols betrachtet werden, die auf genau ein oder zwei HTML-Tags abgebildet werden. Die folgende Tabelle gibt einen Überblick über die einfachen Webcontrols.

Steuer-element-Klasse	Quellcode-Element	Entsprechen-des HTML-Tag	Bemerkung
Button	`<asp:Button id=Button1 runat="server" Text="Button"> </asp:Button> </P>`	`<input type= "submit">`	Button, der einen Post-back ausführt
LinkButton	`<asp:LinkButton id=LinkButton1 runat="server"> LinkButton </asp:LinkButton>`	`<a href="...">` + DHTML-Skript	Hyperlink, der einen Postback ausführt
Hyperlink	`<asp:HyperLink id=HyperLink1 runat="server"> HyperLink </asp:HyperLink>`	`<a href="...">`	Im Gegensatz zum `LinkButton`-Control führt ein Klick auf die-sen Button nicht zu einem Postback. Der Hyperlink verhält sich wie ein normaler HTML-Hyperlink und navigiert zur nächsten Seite.
ImageButton	`<asp:ImageButton id=ImageButton1 runat="server" ImageUrl= "BEISPIEL.JPG"> </asp:ImageButton>`	`<input type="image">`	Anklickbare Grafik
Label	`<asp:Label id=Label1 runat="server" Text="Inhalt"> </asp:Label>`	---	Statischer Text mit Formatierung
Literal	`<asp:Literal id=Literal1 runat="server" Text="Inhalt"> </asp:Literal>`	---	Anzeige von statischem Text ohne jegliche Formatierung
TextBox	`<asp:TextBox id=TextBox1 runat="server" Text="Inhalt"> </asp:TextBox>`	`<input type="text">` oder `<textarea>`	Eingabefeld, ein- oder mehrzeilig

Tabelle 5.5: Überblick über die einfachen Webcontrols

Steuer-element-Klasse	Quellcode-Element	Entsprechen-des HTML-Tag	Bemerkung
RadioButton	`<asp:RadioButton id=RadioButton1 runat="server" Text="Anzeigetext" Checked="True"> </asp:RadioButton>`	`<input type="radio">` und `<label for="...">`	Optionsschaltfläche `Text` ist der neben der Schaltfläche angezeigte statische Text; der Zustand der Schaltflä-che steht in `Checked` (`True` oder `False`).
CheckBox	`<asp:CheckBox id=CheckBox1 runat="server" Text="Anzeigetext" Checked="True"> </asp:CheckBox>`	`<input type= "checkbox">` und `<label for="...">`	Kontrollkästchen `Text` ist der neben der Schaltfläche angezeigte statische Text; der Zustand der Schaltflä-che steht in `Checked` (`True` oder `False`).
Image	`<asp:Image id=Image1 runat="server" ImageUrl= "BEISPIEL.JPG"> </asp:Image>`	`<img>`	Anzeige einer Grafik
Panel	`<asp:Panel id=Panel1 runat="server"> Panel </asp:Panel>`	`<div>`	Ein Container für belie-bige Webcontrols; Vor-teil ist, dass Attribute des Panels (z. B. `Visible`) auf alle Unter-elemente wirken
PlaceHolder	`<asp:PlaceHolder id=PlaceHolder1 runat="server"> </asp:PlaceHolder>`	---	Platzhalter, der zur Laufzeit gefüllt wird
Table	`<asp:Table id=Table1 runat="server"> </asp:Table>`	`<table>`	Tabelle Mögliches Unterele-ment: `TableRow`
TableRow	`<asp:TableRow> </asp:TableRow>`	`<tr>`	Tabellenzeile Mögliches Unterele-ment: `TableCell`
TableCell	`<asp:TableCell Text="Inhalt"> </asp:TableCell>`	`<td>`	Eine Zelle in einer Tabellenzeile

Tabelle 5.5: Überblick über die einfachen Webcontrols (Fortsetzung)

Gemeinsamkeiten

Es gibt folgende Gemeinsamkeiten zwischen allen Controls:

1. Alle Controls besitzen ein Attribut `id` mit einem beliebigen, eindeutigen Namen.

2. Alle Controls besitzen das Attribut `runat="server"`.

3. Während `id` und `runat` klein geschrieben werden, werden alle serverseitigen Attributnamen mit großem Anfangsbuchstaben geschrieben.

Attribut »Text«

Die meisten Steuerelemente (z.B. `Label`, `TextBox`, `Button`, `TableCell`, `Check-Box`) besitzen ein Attribut `Text`. `Text` ist in allen Fällen eine auf dem Bildschirm darzustellende Zeichenkette, wobei aber die Platzierung der Zeichenkette jeweils variiert, z.B.

1. bei der `TextBox` in dem Eingabefeld,

2. bei dem `Button` als Beschriftung auf der Schaltfläche,

3. bei der `CheckBox` als Beschriftung neben der Schaltfläche.

Der Wert für das Attribut `Text` kann alternativ auch als Inhalt des Tags angegeben werden (siehe Kapitel 5.2).

LinkButton

Link, der einen Postback ausführt

Das Webforms-Programmiermodell basiert in vielen Bereichen auf der Übermittlung von Formularfeldern per HTTP-Post. Im Standard-HTML ist es aber so, dass nur im Fall des Klicks auf einen Submit-Button der Webbrowser die Inhalte der Eingabefelder übermittelt; beim Verlassen der Seite durch einen Link bleiben die Eingabefelder unberücksichtigt. Microsoft hat mit dem Linkbutton eine Navigationsmöglichkeit geschaffen, die aussieht wie ein Hyperlink (und daher auch mit dem `<a>`-Tag in HTML umgesetzt wird), aber sich verhält wie ein *Submit*-Button. Dazu ist der Einsatz von JavaScript notwendig.

Praxisbeispiel: Newsletter-Registrierung

Als Praxisbeispiel für die Verwendung der beschriebenen Webcontrols finden Sie in den Code-Beispielen zu diesem Buch (im Internet unter *http://www.dotnet-essentials.de*) ein Registrierungsformular für einen Newsletter.

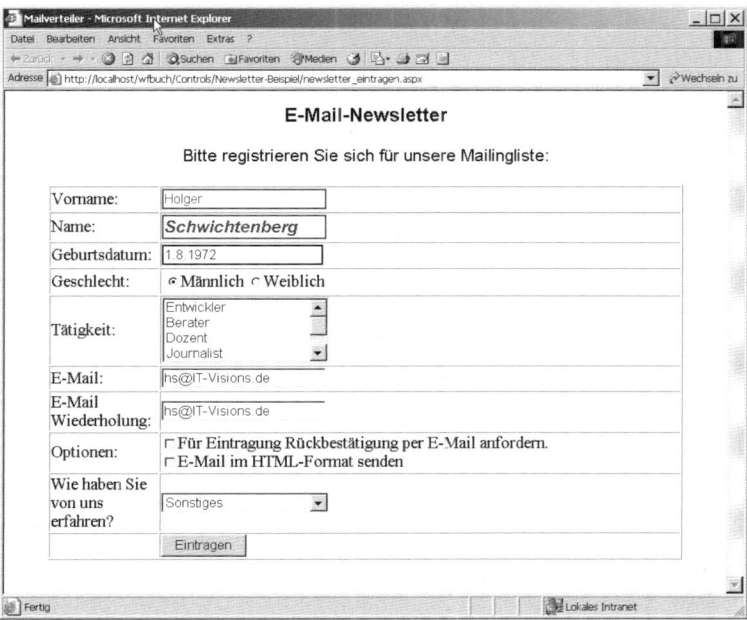

Abbildung 5.6: newsletter_eintragen.aspx

```
<asp:TextBox id="F_Vorname" runat="server" Width="202px" accessKey="N"
BorderWidth="2px" BackColor="White" ForeColor="Blue">Holger
</asp:TextBox>
<asp:TextBox id="F_Name" runat="server" Width="202px"
BorderWidth="2px" ForeColor="Blue" Font-Names="Arial"
Font-Italic="True" Font-Bold="True" Font-Size="12pt">
Schwichtenberg</asp:TextBox>
<asp:CheckBox id="CB_HTML" runat="server" Text="E-Mail im HTML-Format
senden"></asp:CheckBox></P>
<asp:Button id="B_Eintragen" runat="server" Text="Eintragen">
</asp:Button></P>
```

Listing 5.8: Ausschnitte aus newsletter_eintragen.aspx

Die in dem Formular verwendeten Listen-Steuerelemente werden im nächsten Kapitel besprochen.

5.4   Listen-Steuerelemente

Listen-Steuerelemente ermöglichen die Auswahl aus einer Menge von vorgegebenen Optionen. Es gibt vier verschiedene Listen (siehe nachstehende Tabelle).

Drop-Down-List	```<asp:DropDownList id=DropDownList1 runat="server"> </asp:DropDownList>```	```<select size="1">```	Drop-Down-Menü, einzeilig, Einfachauswahl
			Mögliches Unterelement: `ListItem`
ListBox	```<asp:ListBox id=ListBox1 runat="server"> </asp:ListBox>```	```<select size="x">``` mit x > 1	Auswahlliste (bei Bedarf mit Scroll-Balken), mehrzeilig, Mehrfachauswahl
			Mögliches Unterelement: `ListItem`
Check-BoxList	```<asp:checkboxlist id="CheckBoxList1" runat="server" RepeatDirection= "Horizontal">```	**n-fach** `<input type= "checkbox">` `<label for="...">`	Liste von Kontrollkästchen
Radio-Button-List	```<asp:radiobuttonlist id="RadioButtonList1" runat="server" RepeatDirection= "Horizontal" RepeatColumns="2" RepeatLayout="Table">```	**n-fach** `<input type="radio">` **mit gleichem** Name-**Attribut sowie** `<label for="...'>`	Liste von Optionsschaltflächen

Tabelle 5.6: Überblick über die Listen-Steuerelemente

Optionen

Die einzelnen Optionen für ein Listen-Steuerelement werden im ASPX-Code in Unterelemente des Typs `ListItem` deklariert. Dabei gibt es immer einen Anzeigetext, der den Inhalt des Tags bildet, sowie zwei Attribute: `Value` legt den Wert fest, der intern für den entsprechenden Anzeigetext verwendet werden soll, und `Selected` definiert mit `True|False`, ob die jeweilige Option in der Vorgabe ausgewählt sein soll.

```
<asp:ListItem Value="Wert" Selected="True">
Anzeige
</asp:ListItem>
```

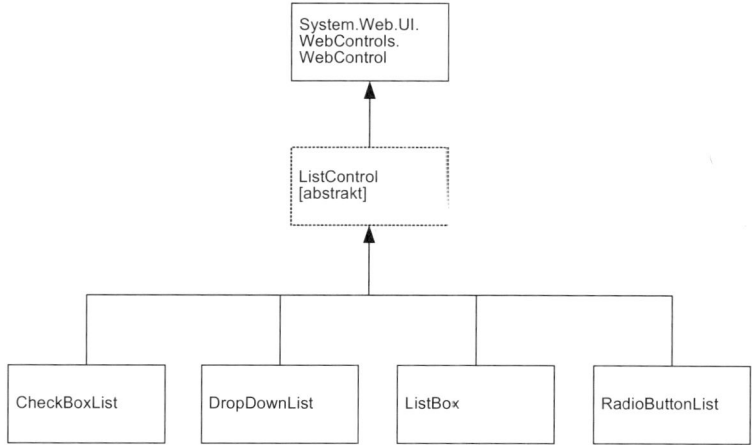

(C) Holger@Schwichtenberg.de 2002

Abbildung 5.7: Vererbungshierarchie der Listen-Steuerelemente

Für die Umsetzung des `ListItems`-Controls gibt es drei verschiedene Varianten, entsprechend dem HTML-Standard:

1. Für das `ListBox`- und das `DropDownList`-Control werden die `ListItem`-Controls in `<option>`-Tags umgesetzt.

2. Bei der `CheckBoxList` wird jedes `ListItem`-Control in ein einzelnes `<input type="checkbox">` umgesetzt.

3. Bei der `RadioButtonList` wird jedes `ListItem`-Control in ein einzelnes `<input type="radio">` umgesetzt, wobei alle erzeugten HTML-Tags den gleichen Wert im Attribut `name` besitzen, damit diese eine Gruppe bilden, aus der nur ein Wert ausgewählt werden kann.

Formatierung

Bei der `CheckBoxList` und der `RadioButtonList` haben Sie folgende zusätzliche Formatierungsmöglichkeiten:

1. `RepeatDirection = "Horizontal|Vertical"` legt fest, wie die einzelnen Optionen angeordnet werden.

2. `RepeatLayout = "Flow|Table"` bestimmt, ob die einzelnen Optionen durch ein `<table>`-Tag gegliedert werden.

3. `RepeatColumns` definiert die Anzahl der Spalten, in denen die Optionen ausgegeben werden.

	Horizontal	Vertikal
einspaltig	☐ x ☐ y ☐ z	☐ x ☐ y ☐ z
3-spaltig	☐ 1 ☐ 2 ☐ 3 ☐ 4 ☐ 5 ☐ 6 ☐ 7	☐ 1 ☐ 4 ☐ 7 ☐ 2 ☐ 5 ☐ 3 ☐ 6

Abbildung 5.8: Ausgewählte Formatierungsoptionen einer CheckBoxList

Programmzugriff

Im Programmcode werden alle vier Listen-Steuerelemente gleich angesteuert, da sie von der Klasse `ListControl` erben:

1. Das Attribut `Item` verweist auf eine Collection vom Typ `ListItemCollection` mit einzelnen `ListItem`-Objekten. Die `ListItem`-Klasse bietet die Elemente `Text`, `Value` und `Selected` (vgl. Attribut des Tags). Die `ListItemCollection` implementiert die Schnittstellen `IList`, `ICollection`, `IEnumerable` und bietet die üblichen Mitglieder einer Collection (`Count`, `Add()`, `Remove()`).

2. Das Attribut `SelectedItem` ist ein Zeiger auf das `ListItem`-Objekt für die ausgewählte Option. Wenn nichts gewählt wurde, enthält das Attribut den Wert `Nothing`. Bei einer `ListBox` mit Mehrfachauswahl zeigt der Zeiger auf das erste gewählte `ListItem`.

3. Das Attribut `SelectedItem` ist die laufende Nummer der gewählten Option. Die Zählung beginnt bei `0`. Wenn nichts gewählt wurde, enthält das Attribut den Wert `-1`. Bei einer `ListBox` mit Mehrfachauswahl enthält es die laufende Nummer der ersten gewählten Option.

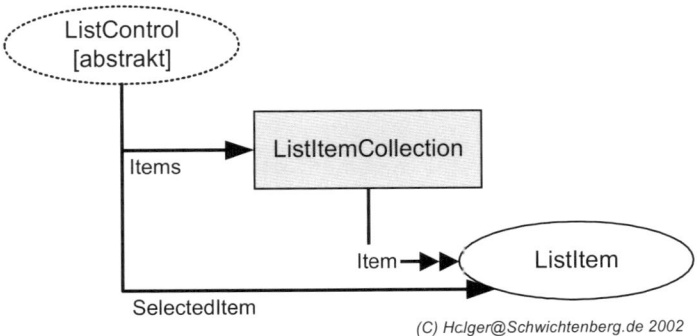

(C) Holger@Schwichtenberg.de 2002

Abbildung 5.9: Objekthierarchie der von ListControl abgeleiteten Klassen

Bei einem Listen-Steuerelement mit Einfachauswahl kann der gewählte Wert auf zwei Arten ermittelt werden, wobei `lc` ein Zeiger auf ein Objekt einer von der Klasse `ListControl` abgeleiteten Klasse ist.

	Anzeigename der Option	Interner Wert der Option
Alternative 1	`lc.SelectedItem.Text`	`lc.SelectedItem.Value`
Alternative 2	`lc.Items(lc.SelectedIndex).Text`	`lc.Items(lc.SelectedIndex).Value`

Bei einem `ListBox`-Control muss man die `Items`-Collection durchlaufen und bei jedem `ListItem`-Objekt prüfen, ob das Attribut `Selected` den Wert `True` hat.

```
For Each li In lc.Items
  If li.Selected Then ...
Next
```

Praxisbeispiel: Newsletter-Registrierung (Fortsetzung)

Das folgende Listing zeigt Ausschnitte aus der Umsetzung des Newsletter-Antragsformulars (vgl. Kapitel 5.3).

```
<asp:RadioButtonList id="F_Geschlecht" runat="server"
RepeatDirection="Horizontal">
<asp:ListItem Value="m">M&#228;nnlich
</asp:ListItem>
<asp:ListItem Value="W" Selected="True">Weiblich
</asp:ListItem>
</asp:RadioButtonList>

<asp:ListBox id="F_Taetigkeit" runat="server" Width="206px"
SelectionMode="Multiple">
<asp:ListItem Value="Entwickler">Entwickler</asp:ListItem>
<asp:ListItem Value="Berater">Berater</asp:ListItem>
<asp:ListItem Value="Dozent">Dozent</asp:ListItem>
<asp:ListItem Value="Journalist">Journalist</asp:ListItem>
<asp:ListItem Value="Sonstiges">Sonstiges</asp:ListItem>
</asp:ListBox>

<asp:DropDownList id="F_Quelle" runat="server" Width="206px">
<asp:ListItem Value="S">Suchmaschine</asp:ListItem>
<asp:ListItem Value="F">Freunde</asp:ListItem>
```

```
<asp:ListItem Value="W">Werbung</asp:ListItem>
<asp:ListItem Value="O" Selected=True>
Sonstiges</asp:ListItem>
</asp:DropDownList>
```

Listing 5.9: Ausschnitte aus newsletter_eintragen.aspx

5.5 Validation Controls

Die Überprüfung der Benutzereingabe ist eine wichtige Aufgabe in Webanwendungen. Diese Routineaufgabe machte im klassischen ASP einen nicht unerheblichen Teil des Entwicklungsaufwands aus – vielleicht ein Grund, warum die Prüfung in zahlreichen produktiven Webanwendungen unbefriedigend implementiert wurde.

Eingabeprüfung ASP.NET bietet mit den *Validation Controls* die Möglichkeit, einen Teil der Eingabeprüfung durch Deklarationen zu vereinfachen, sodass kein oder nur wenig Programmcode dafür notwendig ist.

Den Validation Controls sind folgende Punkte gemein:

ControlToValidate 1. Sie beziehen sich auf ein Webcontrol mit Eingabemöglichkeit (z.B. ein `Textbox`- oder ein `ListBox`-Control, aber nicht auf einen `Button` oder ein `Label`). Dieser Bezug wird in dem Attribut `ControlToValidate` festgelegt. Ein Kontrollkästchen (`Checkbox`-Control) kann auch nicht validiert werden, denn dies macht in der Regel keinen Sinn: Entweder sind die beiden Zustände (an/aus) zugelassen oder aber man könnte auf das Kontrollkästchen verzichten. Den Fall, dass man ein Kontrollkästchen einbaut, um den Anwender explizit etwas bestätigen zu lassen (z.B. einen Vertrag), hat Microsoft aber nicht berücksichtigt.

ErrorMessage 2. Sie nehmen den Platz eines `Label`-Controls ein, das aber nur sichtbar ist, wenn die Prüfung fehlgeschlagen ist. Der dann angezeigte Text wird im Attribut `ErrorMessage` definiert. Die Ausgabe kann über die üblichen Attribute (`BackColor`, `BorderColor`, `Font`, `CssClass`, etc.) formatiert werden. Die Standarddarstellung ist rote Zeichenfarbe.

Display 3. Das Attribut `Display` legt fest, ob in dem erzeugten HTML-Dokument für die Fehlermeldung Platz gehalten werden soll, auch wenn die Fehlermeldung nicht angezeigt wird, weil kein Fehler auftrat. Der Wert `Static` legt fest, dass Platz gehalten werden soll. Beim Wert `Dynamic` wird der Platz im Fehlerfall erst geschaffen. Der Wert `Non` bedeutet, dass die Meldung auch im Fehlerfall nicht angezeigt werden soll. Dies macht nur Sinn, wenn die Fehlermeldung dann entweder über ein `ValidationSummary`-Control ausgegeben wird oder aber Programmcode das Ergebnis der Validierung über das Attribut `IsValid` abgefragt.

4. Die Validierung kann mit `Enabled="True|False"` aktiviert oder deakti-viert werden.

Enabled

5. Die Prüfung kann wahlweise nur auf dem Server oder aber auf dem Server und auf dem Client (via JavaScript) ausgeführt werden. Dies wird festgelegt durch `EnableClientScript="False|True"`.

EnableClientScript

6. Jedes der fünf Validation Controls führt eine spezielle Prüfung durch.

Vererbungshierarchie

Die Ähnlichkeit zum `Label`-Control zeigt sich auch in der Vererbungshierarchie. Alle Validation Controls sind Unterklassen von `System.Web.UI.WebControls.BaseValidator`; diese Klasse ist wiederum Unterklasse von `System.Web.UI.WebControls.Label` (siehe Abbildung 5.10).

Verfügbare Controls

Die folgende Tabelle zeigt die verfügbaren Validation Controls.

Steuerelement-Klasse	Erläuterung
RequiredFieldValidator	Prüft, ob ein Eingabefeld leer ist
CompareValidator	Prüft, ob die Eingabe in zwei Feldern gleich ist. Das zweite Feld wird in dem Attribut `ControlToCompare` festgelegt.
RangeValidator	Prüft, ob ein Eingabewert in einem bestimmten Wertebereich liegt (festgelegt durch die Attribute `MinimumValue` und `MaximumValue`)
RegularExpression-Validator	Vergleicht den Eingabewert mit einem regulären Ausdruck. Der Ausdruck wird in `ValidationExpression` angegeben.
CustomValidator	Dieser Validator ruft eine benutzerdefinierte Funktion auf, die die Eingabe prüft und zurückgibt, ob die Eingabe gültig ist. Wahlweise kann clientseitig und/oder serverseitig geprüft werden. Für die clientseitige Prüfung muss dem Attribut `ClientValidationFunction` der Name einer DHTML-Scripting-Funktion zugewiesen werden. Für die serverseitige Prüfung muss Code im Ereignis `ServerValidate()` hinterlegt werden.

Tabelle 5.7: Übersicht über die Validation Controls

Verhalten der Validation Controls

Wenn der Wert eines Eingabefelds geändert wurde, für den ein Validation Control mit Client-Skript definiert ist, wird die Eingabe sofort geprüft und die Fehlermeldung eingeblendet, wenn die Prüfung nicht erfolgreich war. Bei einem Klick auf einen Button wird der Postback so lange unterbunden, bis alle Eingaben korrekt sind. Wenn kein Client-Skript definiert ist, erfolgt die Prüfung erst nach dem Postback zum Server.

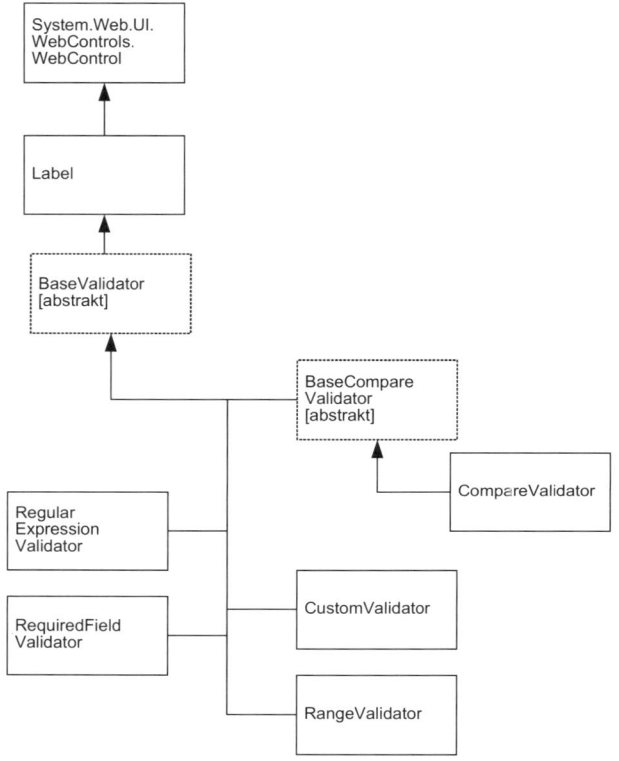

(C) Holger@Schwichtenberg.de 2002

Abbildung 5.10: Vererbungshierarchie der Validation Controls

Bitte beachten Sie folgende Fallstricke:

▶ Wenn Sie für einige Steuerelemente eine clientseitige Prüfung aktivieren und für andere nur eine serverseitige, dann bekommt Ihr Benutzer die Eingabefehler in zwei »Wellen«. In der ersten Welle werden nur die clientseitigen geprüften Eingaben moniert. Da ein Postback erst nach der Korrektur dieser Eingabe ausgeführt wird, kann es sein, dass er nach dem Roundtrip zum Server eine zweite Welle von Fehlermeldungen für die serverseitig geprüften Felder erhält.

> ► Bei einer serverseitigen Prüfung werden alle Ereignisbehand-
> lungsroutinen ganz normal ausgeführt. Wenn Sie also als Reak-
> tion auf den Klick auf einen Button einen Seitenübergang (z.B.
> mit `Response.Redirect()`) definiert haben, dann werden Sie keine
> Fehlermeldung zu sehen bekommen, da der Browser umgeleitet
> wird. Sie müssen den Seitenübergang dann also davon abhängig
> machen, ob die Validierung aller Steuerelemente erfolgreich war.
> Dies können Sie mit `Page.IsValid` prüfen.
>
> ```
> If Page.IsValid Then
>     Response.Redirect("bestaetigung.aspx")
> end if
> ```

Besonderheiten beim CustomValidator

Beim `CustomValidator` sind zwei Besonderheiten zu beachten: **Spezielle Validierung**

1. Der `CustomValidator` wird gar nicht aufgerufen, wenn das Feld leer ist.
   Dies muss durch einen `RequiredFieldValidator` separat geprüft werden.

2. Während bei allen anderen Controls auf jeden Fall eine Prüfung auf
   dem Server stattfindet, ist beim `CustomValidator` die serverseitige
   Prüfung ebenso wie die clientseitige Prüfung eine Option, d.h. bei
   diesem Control findet die Prüfung auf dem Client und/oder auf
   dem Server statt.

ValidationSummary

Das `ValidationSummary`-Control führt keine Prüfungen durch (es ist auch **Zusammenfassung der**
nicht von `BaseValidator`, sondern direkt von `WebControl` abgeleitet). Die- **Fehlermeldungen**
ses Webcontrol bietet vielmehr die Möglichkeit, die Fehlermeldungen
der einzelnen Validation Controls in einer Liste anzuzeigen. Das `Valida-`
`tionSummary`-Control wird von ASP.NET nur generiert, wenn mindestens
ein Fehler aufgetreten ist.

Dieses Element kann zusätzlich oder alternativ zu der einzelnen Fehlermeldung verwendet werden. Im Standardfall zeigt das `ValidationSum-`
`mary`-Control die Fehlermeldungen zusätzlich an. In jedem einzelnen
Validation Control kann mit `Display="none"` die Ausgabe der Fehlermeldung unterdrückt werden.

Praxisbeispiel: Newsletter-Registrierung (Fortsetzung)

Das bereits in den vorherigen Unterkapiteln besprochene Registrierungsformular für einen E-Mail-Newsletter soll nun um eine Eingabeprüfung mit Validation Controls ergänzt werden.

Vor die Tabelle mit den Eingabefeldern wurde ein `ValidationSummary`-Con- **Eingefügte Validation**
trol eingefügt. Die Felder `F_Vorname`, `F_Name`, `F_Geb`, `F_EMail` und **Controls**
`F_EMailWiederholung` werden durch einen `RequiredField`-Validator geprüft.

Die Felder `F_EMail` und `F_EMailWiederholung` werden jeweils durch einen `RegularExpressionValidator` auf eine gültige E-Mail-Adresse geprüft und mit einem einzelnen `CompareValidator` verglichen. Für `F_Geb` ist ein `Custom-Validator` hinterlegt, der auf dem Server prüft, ob der neue Teilnehmer mindestens 18 Jahre alt ist.

E-Mail-Newsletter

Bitte registrieren Sie sich für unsere Mailingliste:

Bitte korrigieren Sie folgende Eingabefehler:

- Fehlermeldung 1.
- Fehlermeldung 2.

Vorname:	Holger	Sie müssen Ihren Vornamen angeben!
Name:	*Schwichtenberg*	Sie müssen Ihren Nachnamen angeben!
Geburtsdatum:	1.8.1972	Sie müssen Ihr Alter angeben!
	Sie müssen mindestens 18 Jahre alt sein, um diesen Newsletter abonieren zu können!	
Geschlecht:	⦿ Männlich ○ Weiblich	
Tätigkeit:	Entwickler / Berater / Dozent / Journalist	
E-Mail:	hs@IT-Visions.de	Bitte E-Mail angeben! Keine gültige E-Mail-Adresse!
E-Mail Wiederholung:	hs@IT-Visions.de	Keine gültige E-Mail-Adresse! Bitte E-Mail angeben!
	Es wurde nicht zweimal die gleiche E-Mail-Adresse eingegeben!	
Optionen:	☐ Für Eintragung Rückbestätigung per E-Mail anfordern. / ☐ E-Mail im HTML-Format senden	
Wie haben Sie von uns erfahren?	Sonstiges	
	Eintragen	

Abbildung 5.11: Ansicht eines Webforms mit Validation-Steuerelementen im Visual Studio .NET-Designer

Quellcode Das folgende Listing zeigt aus Platzgründen nur einige der Validatoren-Tags des o.g. Dokuments; das vollständige Listing finden Sie im Webprojekt zu diesem Buch (siehe *http://www.dotnet-essentials.de*).

```
<asp:ValidationSummary id="ValidationSummary1" runat="server"
HeaderText="Bitte korrigieren Sie folgende Eingabefehler:">
</asp:ValidationSummary>

<asp:RequiredFieldValidator id="RequiredFieldValidator2"
runat="server" ControlToValidate="F_Geb" ErrorMessage="Sie müssen Ihr
Alter angeben!" Display="Dynamic">
</asp:RequiredFieldValidator>

<asp:CustomValidator id="val_geb" runat="server" ErrorMessage="Sie
müssen mindestens 18 Jahre alt sein, um diesen Newsletter abonnieren
zu können!" ControlToValidate="F_Geb" Display="Dynamic">
</asp:CustomValidator>
```

```
<asp:RequiredFieldValidator id="RequiredFieldValidator6"
runat="server" ControlToValidate="F_EMail" ErrorMessage="Bitte E-Mail
angeben!" Display="Dynamic">
</asp:RequiredFieldValidator>

<asp:RegularExpressionValidator id="RegularExpressionValidator3"
runat="server" ControlToValidate="F_EMail" ErrorMessage="Keine gültige
E-Mail-Adresse!" ValidationExpression="\w+([-+.]\w+)*@\w+([-.]\w+)*
\.\w+([-.]\w+)*" Display="Dynamic">
</asp:RegularExpressionValidator>

<asp:CompareValidator id="CompareValidator1" runat="server"
ControlToValidate="F_EMailWiederholung" ErrorMessage="Es wurde nicht
zweimal die gleiche E-Mail-Adresse eingegeben!"
ControlToCompare="F_EMail" Display="Dynamic">
</asp:CompareValidator>
```

Listing 5.10: Ausschnitte aus newsletter_eintragen.aspx

Programmcode muss lediglich für den `CustomValidator` hinterlegt werden. **Benutzerdefinierte** Das folgende Listing zeigt die serverseitige Prüfung im `ServerValidate()`- **Prüfung** Event. Über den übergebenen Parameter `args` kann bei der Ereignisbehandlung nicht nur der aktuelle Wert des zu validierenden Steuerelements geprüft (Attribut `Value`), sondern auch ASP.NET zurückgemeldet werden, ob die Prüfung erfolgreich war (`IsValid="True"| "False"`).

```
  Private Sub B_Eintragen_Click(ByVal sender As System.Object, ByVal e
As System.EventArgs) Handles B_Eintragen.Click
    ' --- Nur weiterleiten, wenn Eingabe OK!
    If Page.IsValid Then
Server.Transfer("Newsletter_bestaetigung.aspx")
    End If
  End Sub
      Private Sub val_geb_ServerValidate(ByVal source As
System.Object, ByVal args As
System.Web.UI.WebControls.ServerValidateEventArgs) Handles
val_geb.ServerValidate
        Dim Wert As String = args.Value
        Dim geb As Date
        args.IsValid = False
        If IsDate(Wert) Then ' Ist es ein Datum?
          geb = Convert.ToDateTime(Wert)
          If geb < DateTime.Now.AddYears(-18) Then 'Älter als 18?
        args.IsValid = True
          End If
        End If
      End Sub
    End Class
```

Listing 5.11: Ausschnitte aus newsletter_eintragen.aspx.vb

Ausgabe   Die folgende Abbildung zeigt die erzeugte HTML-Seite nach einer clientseitigen Prüfung.

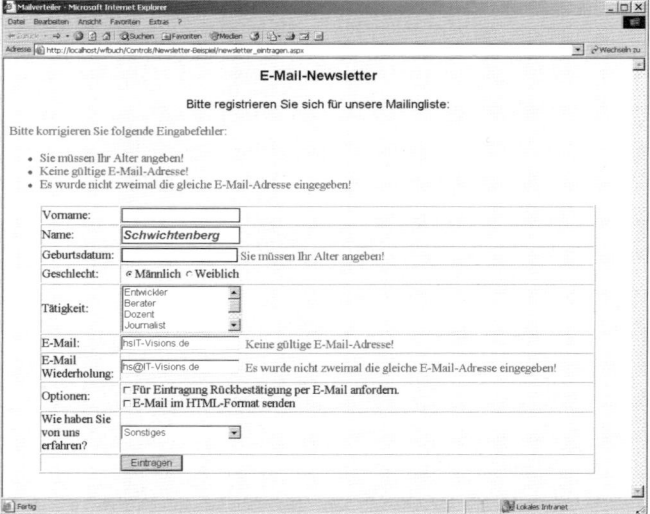

Abbildung 5.12: Anzeige von Fehlermeldungen nach clientseitiger Prüfung

Erst nach einem Roundtrip zum Server kann festgestellt werden, dass der neue Teilnehmer, der sich im nächsten Screenshot anmelden will, zu jung ist, denn der CustomValidator ist nur serverseitig hinterlegt.

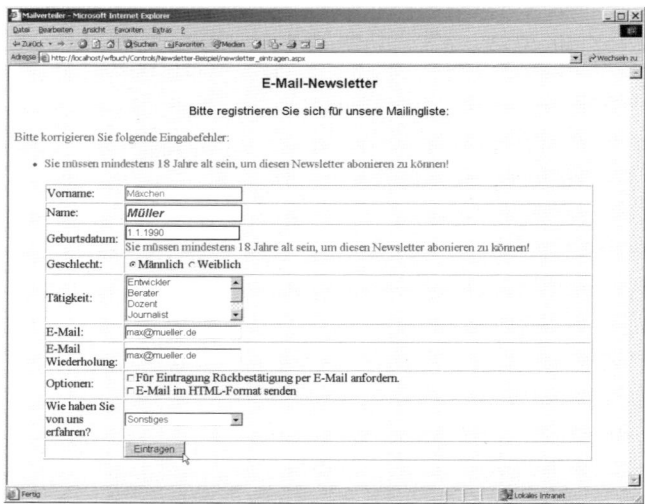

Abbildung 5.13: Da für den CustomValidator nur auf dem Server eine Prüfungsfunktion hinterlegt ist, fällt das zu geringe Alter erst nach einem Roundtrip auf.

5.6   Weitere Webcontrols

Komplexe Webcontrols werden auf mehrere HTML-Tags abgebildet. Zum Teil können diese Webcontrols wieder andere Controls enthalten, also als Container für andere Controls arbeiten.

Steuerelement-Klasse	Erläuterung
AdRotator	Zyklischer Wechsel zwischen verschiedenen Grafiken
Repeater	Flexible Liste, die sich in ihrer Länge dynamisch an die Daten einer Datenquelle anpasst
Calendar	Anzeige und Auswahl von Datumsangaben
DataList	Flexible Liste, die sich in ihrer Länge dynamisch an die Daten einer Datenquelle anpasst
DataGric	Flexible Tabelle, die sich in Länge (und Breite) dynamisch an die Daten einer Datenquelle anpasst
XML	Übermittlung eines XML-Dokuments (als Teil einer HTML-Seite), wahlweise mit Transformation durch XSLT

Tabelle 5.8: Übersicht über weitere Webcontrols

Die Controls Repeater, DataList und DataGrid werden im Zusammenhang mit Data Binding in diesem Buch noch ausführlicher behandelt (Kapitel 7).

5.7   Die Page-Klasse

Im klassischen ASP gibt es sechs Intrinsic Objects (Request, Response, Server, Session, Application, ObjectContext), die in keinem Abhängigkeitsverhältnis zueinander stehen. In ASP.NET gibt es eine Objekthierarchie, an deren Spitze die Klasse Page steht. Diese Klasse besitzt Attribute, die auf zahlreiche Unterobjekte verweisen. Dabei gibt es nach wie vor noch die Namen Request, Response, Server, Session und Application (mit Ausnahme von ObjectContext), jedoch sind die hinter diesen Unterobjekten stehenden Klassen nun ganz andere. Das macht hinsichtlich der Migration aber nichts, weil im klassischen ASP sowieso nur mit spätem Binden gearbeitet wurde.

Eingebaute Objekte

Wie im klassischen ASP ist es auch weiterhin möglich, die Objekte direkt anzusprechen (also Response.Redirect() statt Page.Response.Redirect()), weil die ASPX-Seite ja von der Page-Klasse erbt und damit deren Attribute zur Verfügung stehen. Innerhalb der ASPX-Seite kann also auch wahlweise mit dem Verweis Me (in Visual Basic) bzw. self (in C#) auf diese Klasse verwiesen werden (z.B. Me.Response.Redirect()).

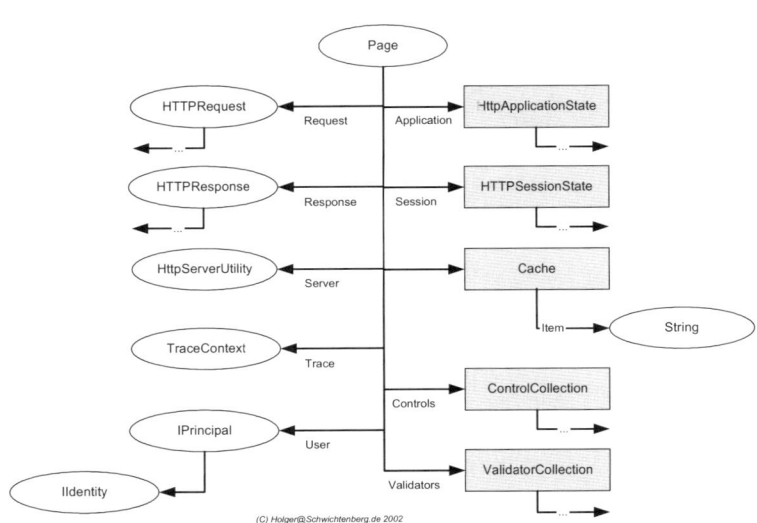

(C) Holger@Schwichtenberg.de 2002

Abbildung 5.14: Ausschnitt aus der Objekthierarchie der Page-Klasse

IsPostBack Ein wichtiges Attribut ist `Page.IsPostBack`. Damit kann geprüft werden, ob die Seite zum ersten Mal aufgerufen wurde oder ob es nur einen Roundtrip zum Server gibt.

Request Das `Request`-Objekt bietet zahlreiche neue Attribute (z.B. `Request.UrlReferer`, `Request.PhysicalPath`, `Request.UserAgent`, `Request.UserHostAddress`), die einen Zugriff auf Informationen ermöglichen, die bisher nur über die `Request.ServerVariables`-Collection zugänglich waren.

5.8 Dynamisches Anlegen von Webcontrols

Die Erzeugung von Webcontrols in ASPX-Seiten durch Tags ist deklarativ. Genau wie Windows Controls können Webcontrols alternativ auch durch Programmcode generiert werden.

ControlCollection Dabei müssen die einzelnen Controls als Instanzen der jeweiligen `Control`-Klasse erzeugt und an die `ControlCollection` des Controls angehängt werden, dem sie untergeordnet werden sollen. Wenn es nicht Teil eines anderen serverseitigen Controls ist, muss ein Control immer dem `<form>`-Tag untergeordnet werden. Ein bestimmtes Control findet man über `Page.FindControl("NAME")`.

ValidatorCollection Die `ValidatorCollection` der `Page`-Klasse ist eine Untermenge der `ControlCollection` dieser Klasse, in der nur die Validation Controls enthalten sind. Alle Validatoren sind aber zusätzlich auch in der `ControlCollection` enthalten.

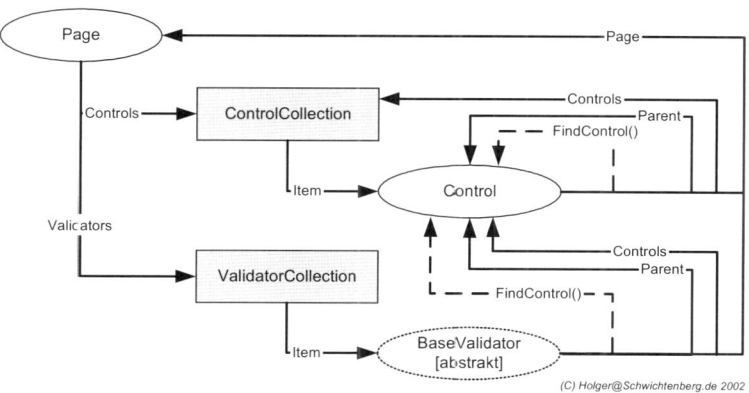

(C) Holger@Schwichtenberg.de 2002

Abbildung 5.15: Objektmodell der ControlCollection

In dem folgenden Beispiel werden zehn Eingabefelder und ein Button dynamisch erzeugt. Nach jedem Eingabefeld wird mit einem Literal-Control ein Zeilenumbruch (\<br\>) eingefügt, um zu generierende Dokumente übersichtlicher zu gestalten.

LiteralControl

> Der komplette statische Inhalt einer ASPX-Seite (also HTML-Tags und alle Texte) werden von ASP.NET intern als ein Objekt vom Typ LiteralControl **verwaltet.**

```
Private Sub Page_Load(ByVal sender As System.Object, ByVal e As
System.EventArgs) Handles MyBase.Load

    Dim a As Byte
    Dim c As Control

    ' --- Formular-Tag finden
    c = Page.FindControl("form1")

    ' --- 10 Unterelemente anfügen
    For a = 1 To 10
      ' --- Neue Textbox erzeugen
      Dim t As New TextBox()
      t.ID = "F_Name" & a
      t.Text = "Name" & a
      ' --- An Liste anfügen
      c.Controls.Add(t)
      ' --- Zeilenumbruch erzeugen
      Dim l As New LiteralControl("<br>")
      ' --- An Liste anfügen
      c.Controls.Add(l)
    Next a
```

```
        ' --- Button einfügen
        Dim b As New Button()
        b.ID = "B_OK"
        b.Text = "Namen bestätigen"
        ' --- An Liste anfügen
        c.Controls.Add(b)

End Sub
```

Listing 5.12: dyncontrols.aspx.vb

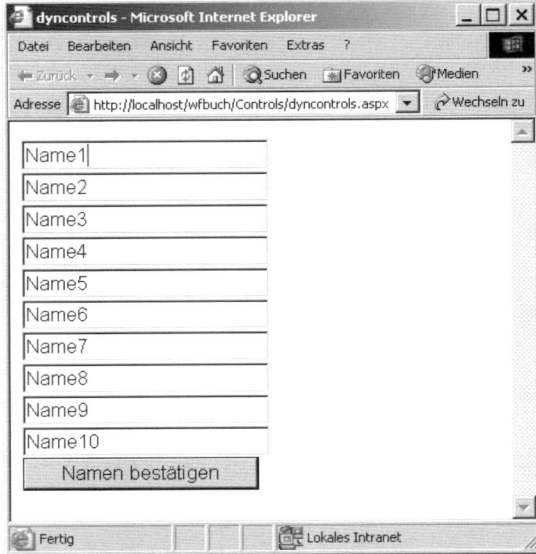

Abbildung 5.16: Ausgabe von dyncontrols.aspx

Auflisten der Steuerelement-Hierarchie

Die folgende rekursive Funktion ermöglicht es, alle Steuerelemente einer Seite auszugeben. Diese Funktion können Sie mit einem Zeiger auf ein beliebiges Control-Objekt aufrufen, z. B. mit dem Page-Objekt.

```
...
List_controls(Page, 0)
...
' --- Alle Steuerelemente auflisten
Sub List_controls(ByVal c1 As Control, ByVal ebene As Integer)
    Dim c2 As Control
    Dim s As String
    Dim a As Byte
    ' --- Einrückung definieren
    For a = 1 To ebene
```

```
      s = s & " "
    Next
    ' --- Anzahl ausgeben
    Response.Write("Anzahl Steuerelemte: " & c1.controls.Count & _
    "<br>")
    ' --- Schleife über alle Steuerelemente
    For Each c2 In c1.Controls
      Response.Write(s & c2.ID & ": " & c2.GetType.ToString & "<br>")
      ' --- wenn Unterelemente vorhanden, dann auflisten
      If c2.HasControls Then List_controls(c2, ebene + 1)
    Next
End Sub
```

Listing 5.13: dyncontrols.aspx

```
Anzahl Steuerelemte: 3
 : System.Web.UI.ResourceBasedLiteralControl
Form1: System.Web.UI.HtmlControls.HtmlForm
Anzahl Steuerelemte: 22
 : System.Web.UI.LiteralControl
F_Name1: System.Web.UI.WebControls.TextBox
L1: System.Web.UI.LiteralControl
F_Name2: System.Web.UI.WebControls.TextBox
L2: System.Web.UI.LiteralControl
F_Name3: System.Web.UI.WebControls.TextBox
L3: System.Web.UI.LiteralControl
F_Name4: System.Web.UI.WebControls.TextBox
L4: System.Web.UI.LiteralControl
F_Name5: System.Web.UI.WebControls.TextBox
L5: System.Web.UI.LiteralControl
F_Name6: System.Web.UI.WebControls.TextBox
L6: System.Web.UI.LiteralControl
F_Name7: System.Web.UI.WebControls.TextBox
L7: System.Web.UI.LiteralControl
F_Name8: System.Web.UI.WebControls.TextBox
L8: System.Web.UI.LiteralControl
F_Name9: System.Web.UI.WebControls.TextBox
L9: System.Web.UI.LiteralControl
F_Name10: System.Web.UI.WebControls.TextBox
L10: System.Web.UI.LiteralControl
B_OK: System.Web.UI.WebControls.Button
 : System.Web.UI.LiteralControl
```

Abbildung 5.17: Steuerelement-Hierarchie des Dokuments dyncontrols.aspx

5.9   Clientseitige Programmierung in Webforms

Einige Webcontrols generieren auf Wunsch clientseitigen Programm-code (Dynamic HTML – DHTML). Auch bei der Verwendung von Web-controls kann (zusätzlich) selbst entwickelter clientseitiger Code eingesetzt werden. Jedes Element eines Dokuments löst eine Vielzahl von Ereignissen im Document Object Model aus (z.B. bei Mausklick, Mausbewegung, Änderungen), die mit einer Ereignisbehandlungsrou-tine belegt werden können. Es gibt verschiedene Möglichkeiten zur Definition einer DOM-Ereignisbehandlungsroutine:

DHTML-Programmierung

1. **Inline-Ereignisbehandlung**: Das Element kann mit einem Attribut versehen werden, das den Namen des Ereignisses trägt. Der diesem Attribut zugewiesene Wert wird als Programmcode ausgeführt,

Inline

wenn das Ereignis eintritt. Wenn mehr als ein Befehl ausgeführt werden soll, steht hier üblicherweise der Name einer in einem Skriptblock implementierten Unterroutine. Es ist aber in VBS auch möglich, jeweils durch Doppelpunkte getrennt weitere Befehle anzugeben.

```
<ELEMENTNAME EREIGNISNAME="BEFEHL">
```

Extern   2. **Externe Ereignisbehandlung**: Wenn dem Element ein eindeutiger Name über das Attribut `ID` zugewiesen wurde, dann gibt es zwei weitere Möglichkeiten zur Bindung einer Ereignisbehandlungsroutine an ein Ereignis:

Über eine Unterroutine im Stil einer Ereignisbehandlungsroutine, wobei das ID-Attribut des Steuerelements zur Identifizierung verwendet wird:

```
Sub ID_EREIGNISNAME
```

Über einen Skriptblock mit den zusätzlichen Attributen `for` und `event`. Dabei folgt nach `for=` die ID des Elements und nach `event=` der Ereignisname.

```
<SCRIPT for="ID" event="EREIGNISNAME" language="SPRACHNAME">
```

Ereignisbindung bei Webcontrols

Besonderheiten bei der Webform-Programmierung

Beim Einsatz von serverseitigen Webcontrols sind allerdings zwei Dinge für Client-Skripte zu beachten:

1. Bei den meisten Steuerelementen kann die Bindung nicht Inline durch ein HTML-Attribut erfolgen, da der Programmierer ja keinen Einfluss auf die Ausgabe des HTML-Codes für ein Steuerelement hat.

2. Bei komplexen Webcontrols (z.B. `DataList`) kennt man die Namen der einzelnen HTML-Elemente, die ASP.NET erzeugt, gar nicht. Sie werden von ASP.NET automatisch vergeben.

Neben der externen Ereignisbehandlung gibt es daher auch serverseitig eine Möglichkeit, die ASP.NET-Engine dazu zu bewegen, ein Attribut für die DHTML-Ereignisbindung zu generieren:

```
STEUERELEMENTNAME.Attributes.Add("EREIGNISNAME", "BEFEHL")
```

6 Konfiguration von ASP.NET-Anwendungen

Dieses Kapitel beschäftigt sich mit der Konfiguration von ASP.NET-Anwendungen durch XML-Dateien.

6.1 Web.Config

Die Datei *web.config* enthält Konfigurationseinstellungen für eine ASP.NET-Anwendung. Diese XML-Datei ersetzt die Anwendungseinstellungen im Internet Information Server (IIS) und bildet damit die Grundlage für das XCOPY-Deployment von ASP.NET-Anwendungen.

XML

Es kann in einer ASP.NET-Anwendung nicht nur eine *web.config*-Datei geben, sondern jedes Unterverzeichnis kann seine eigene *web.config* besitzen; die *web.config* gilt für alle untergeordneten Verzeichnisse, solange dort nicht eine eigene *web.config* existiert. Untergeordnete *web.config*-Dateien ergänzen übergeordnete Dateien – sie können übergeordnete Einstellungen auch überschreiben.

Die computerweite .NET-Konfigurationsdatei *Machine.config* (*%Windows%\Microsoft.NET\Framework\version\CONFIG\Machine.config*) enthält eine Sektion `<system.web>`, die für alle Webanwendungen auf dem Computer gilt. ASP.NET ist ohne die *Machine.config* ebenso wenig lauffähig wie mit einer fehlerhaft aufgebauten Datei.

Machine.config

Änderungen an ASP.NET-Konfigurationsdateien werden sofort wirksam, ohne dass der IIS neu zu starten ist. Eine Ausnahme bilden nur Einträge in der Sektion `<processModel>`.

> ASP.NET verhindert, dass die *web.config*-Dateien per HTTP an den Client übertragen werden.

Location

Eine *web.config*-Datei kann auch für einzelne Dateien oder untergeordnete Verzeichnisse spezifische Einstellungen festlegen. Dazu unterteilt man sie mittels des `<location>`-Elements.

Location

```
<configuration>
   <!-- Global -->
   <system.web>
   ...
   </system.web>
```

```
<!— Für eine bestimmte Seite -->
<location path="Datei.Extension">
   <system.web>
   ...
   </system.web>
</location>

<!— Für ein Unterverzeichnis -->
<location path="Unterverzeichnis">
   <system.web>
   ...
   </system.web>
</location>
</configuration>
```

Listing 6.1: Unterteilung der web.config in verschiedene Geltungsbereiche

6.2   Konfigurationselemente

Die folgende Tabelle nennt die wichtigsten Konfigurationseinstellungen in der *web.config*. Zum Teil werden diese in den folgenden Kapiteln näher besprochen.

Element	Erläuterung
`<authentication>`	**Festlegung der Authentifizierungsmethode** `<mode="Windows|Forms|Passport|None">` **Unterelemente:** `<forms>`, `<passport>`
`<authorization>`	**Definition von Zugriffsrechten** **Unterelemente:** `<allow>`, `<deny>`
`<browserCaps>`	**Einstellungen für die Feststellung der Browser-Fähigkeiten** **Unterelemente:** `<user>`, `<filter>`, `<result>`

`<compilation>`	**Steuerung der automatischen Kompilierung von ASP.NET**
	`debug="true|false"`
	`batch="true|false"`
	`batchTimeout="number of seconds"`
	`defaultLanguage="language"`
	`explicit="true|false"`

`<customErrors>`	**Festlegung der Rückgabeseiten für HTTP-Fehler**
	`defaultRedirect="url"`
	`mode="On|Off|RemoteOnly"`
	Unterelemente: `<error>`

`<globalization>`	**Einstellung der Zeichenkodierung für Anfragen/Antworten sowie Ländereinstellungen**

`<httpRuntime>`	**Einstellungen für den ASP.NET-Verarbeitungsprozess**
	`useFullyQualifiedRedirectUrl="true|false"`
	`maxRequestLength="size in kbytes"`
	`executionTimeout="seconds"`

Element	Erläuterung

`<identity>`	Benutzerkonto, unter dem die ASP.NET-Seiten auf dem Server agieren (Identität)
	`impersonate="true|false"`
	`userName="username"`
	`password="password"`

`<pages>`	Voreinstellungen für die Attribute der `@Page`-Direktive
	`buffer="true|false"`
	`enableSessionState="true|false|ReadOnly"`
	`enableViewState="true|false"`
	`enableViewStateMac="true|false"`
	`autoEventWireup="true|false"`

`<processModel>`	Einstellungen für den IIS-Serverprozess (nur für IIS 5.0)

`<sessionState>`	Konfiguration des ASP.NET State Management
	`mode="Off|Inproc|StateServer|SQLServer"`
	`cookieless="true|false"`
	`timeout="Anzahl Minuten"`

`<trace>`	Anwendungsweite Einstellung für das Tracing
	`enabled="true|false"`
	`localOnly="true|false"`
	`pageOutput="true|false"`

Listing 6.2: Die Hauptelemente einer web.config-Datei mit den jeweils wichtigsten Attributen

6.3 Speicherung eigener Zeichenketten

Die *Web.config*-Datei ermöglicht auch die Ablage beliebiger Zeichenketten, in denen anwendungsspezifische Daten abgelegt werden können. Ein Beispiel dafür sind Verbindungszeichenfolgen zu Datenquellen.

`<appSettings>`

Die Zeichenketten müssen als Attribut-Wert-Paare innerhalb eines `<appSettings>`-Elements gespeichert werden. Dieses Element muss ein Kindelement von `<configuration>` sein; die anwendungsspezifischen Daten dürfen nicht in das `<system.web>`-Element eingebettet sein.

```
<configuration>
  <system.web>
  ...
  </system.web>
  <appSettings>
    <add key="Buchtitel" value="Webforms" />
    <add key="Autor" value="Holger Schwichtenberg" />
  </appSettings>
</configuration>
```

Auslesen der gespeicherten Daten

ConfigurationSettings   Die in dem `<appSettings>`-Element gespeicherten Daten kann man über die Klasse `System.Configuration.ConfigurationSettings` auslesen. Die Klasse bietet zwei statische Methoden: `AppSettings()` für den Zugriff auf Einzelwerte, deren Name bekannt ist, sowie das Attribut `AppSettings`, eine Collection vom Typ `NameValueCollection` mit allen Attribut-Wert-Paaren.

```
  Private Sub Page_Load(ByVal sender As System.Object, ByVal e As
System.EventArgs) Handles MyBase.Load
    ' --- gezielter Zugriff auf Einzelwerte
    Dim autor, buchtitel As String
    autor = ConfigurationSettings.AppSettings("Autor")
    buchtitel = ConfigurationSettings.AppSettings("Buchtitel")
    L_Infos.Text = "Beispiel aus dem Buch " & buchtitel & " von " &_
    autor

    ' --- Liste aller Werte
    Dim settings As System.Collections.Specialized.NameValueCollection
    settings = ConfigurationSettings.AppSettings
    Dim o As Object
    For Each o In settings.Keys
      LB_Werte.Items.Add(o & "=" & settings.Item(o))
    Next
  End Sub
```

Listing 6.3: Auslesen benutzerdefinierter Konfigurationsdaten config.aspx

6.4   Erweiterbarkeit der Web.config

Configuration–
SectionHandler   Die *web.config*-Datei ist über die Speicherung von Attribut-Wert-Paaren hinaus erweiterbar durch eigene Sektionen. Für jede Sektion muss eine Klasse realisiert werden, die die Schnittstelle `System.Configuration.IConfigurationSectionHandler` implementiert.

7 Datenbindung

ASP.NET unterstützt eine bereits aus Visual Studio 6.0 bekannte Technik mit Namen Datenbindung. Dies bedeutet, dass ein Steuerelement direkt mit einer Datenmenge verbunden werden kann und das Steuerelement diese Daten entsprechend seiner individuellen Fähigkeiten darstellt. Ein klassisches datengebundenes Steuerelement ist eine Tabelle, die dynamisch ihre Spalten und Zeilen gemäß der aktuellen Datenmenge erstellt. Für den Programmierer entfällt damit die Aufgabe, die Daten einzeln aus der Datenquelle zu holen und sie an das Steuerelement zu übergeben.

DataBinding

> Nicht nur der Steuerelement-Inhalt, sondern jedes beliebige Attribut eines Webcontrols (z.B. die Hintergrundfarbe) kann an eine Datenquelle gebunden werden.

7.1 Allgemeine Informationen zur Datenbindung

Ein Webcontrol, das Datenbindung unterstützt, erkennt man daran, dass es die Attribute `DataSource` und `DataMember` sowie eine Methode `DataBind()` besitzt. Datenbindung wird von Steuerelementen unterstützt, die eine »Menge« von Eingabedaten verarbeiten können. Neben den speziellen Steuerelementen `Repeater`, `DataList` und `DataGrid` sind dies: `ListBox`, `DropDownList`, `CheckBoxList` und `RadioButtonList`.

Steuerelemente mit Datenbindung

1. `DataSource` erwartet ein .NET-Objekt, das eine Datenmenge enthält. Dieses .NET-Objekt muss bestimmte Schnittstellen unterstützen (siehe unten).

2. Wenn ein einzelnes Element der Datenmenge aus mehreren Informationen besteht, dann legt `DataMember` fest, welche Teilinformation gebunden werden soll (z.B. welche Tabelle in einem Dataset).

3. Mit der Methode `DataBind()` wird die Datenbindung für ein Steuerelement gestartet. Mit `Page.DataBind()` startet man für alle Steuerelemente einer ASPX-Seite die Datenbindung.

> Die Datenbindung bleibt bei einem Postback erhalten. Wenn also nach einem Postback die gleiche Datenmenge angezeigt werden soll, ist keine erneute Datenbindung möglich. Die entsprechenden Programmteile können dann in die Bedingung `if not Page.IsPostBack then ... end if` gesetzt werden.

Zur Datenbindung verwendbare Klassen

Unterstützte Datenquellen

ASP.NET unterstützt Datenbindung nicht nur für Daten aus ADO.NET und XML-Dokumenten, sondern auch für andere Objektmengen. Das Attribut `DataSource` akzeptiert jedes Objekt, das über eine `IEnumerable`-Schnittstelle verfügt. Es gibt zahlreiche Klassen in der FCL, die diese Schnittstelle besitzen, z. B. `Array`, `ArrayList`, `AttributeCollection`, `BaseCollection`, `BitArray`, `Cache`, `CaptureCollection`, `CollectionBase`, `ControlCollection`, `CookieCollection`, `DataBindingCollection`, `DataView`, `DictionaryBase`, `DirectoryEntries`, `EventLogEntryCollection`, `GridItemCollection`, `Hashtable`, `HybridDictionary`, `OleDbDataReader`, `PropertyCollection`, `ReadOnlyCollectionBase`, `RepeaterItemCollection`, `ResourceReader`, `ResXResourceReader`, `SortedList`, `SqlDataReader`, `Stack`, `StateBag`, `String`, `StringCollection`, `StringDictionary`, `TableCellCollection`, `TableRowCollection`, `TempFileCollection`, `TreeNodeCollection`, `XmlNamedNodeMap`, `XmlNode`, `XmlNodeList`.

Informationen zur Verwendung von XML als Datenspeicher erhalten Sie im folgenden .NET Essentials-Band: [HAN02].

Schablonen

Templates

Einige datengebundene Steuerelemente (`DataList`, `DataGrid` und `Repeater`) verwenden Schablonen für die Darstellung der Daten. Diese Schablonen sind XML-Elemente innerhalb des Steuerelement-Tags. Die Elementnamen beginnen **nicht** mit dem Namespace »asp:«.

```
<asp:datalist id="Ergebnisliste" runat="server">
<HeaderTemplate>
  Bücher von <STRONG>Holger Schwichtenberg</STRONG>:
  <UL>
</HeaderTemplate>
<ItemTemplate>
  <LI>
  <asp:LinkBUtton id="Eintrag" Runat="server">
  <%# container.dataitem%>
  </asp:LinkBUtton><BR>
  </LI>
</ItemTemplate>
<FooterTemplate>
  </UL>
</FooterTemplate>
</asp:datalist></P>
```

Listing 7.1: Beispiel für Schablonen beim DataList-Control

Diese XML-Elemente können jeden beliebigen HTML-Code, andere Steuerelemente und auch Inline-ASPX-Code (`<%...%>`) enthalten. Schablonen geben Ihnen große Freiheiten bei der Formatierung der Ausgabe.

> Visual Studio .NET bietet in seinem ASPX-Designer Unterstützung für das Anlegen von Schablonen.

Einfügen der Daten durch Platzhalter

Um die Daten aus einer Datenquelle in ein datengebundenes Steuerelement einzubinden, verwendet ASP.NET wieder die `<%#...%>`-Notation:

```
<%# AUSDRUCK %>
```

Dieser Platzhalter kann an jeder Stelle innerhalb eines datengebundenen Steuerelements, auch als Wert für Attribute, eingesetzt werden. Die Verwendung des Ausdrucks `<%= %>` aus dem klassischen ASP führt Sie bei der Datenbindung unter .NET nicht zum Ziel. Sie können innerhalb von `<%# %>` jeden beliebigen Ausdruck angeben, auch 1+1 ☺. Verboten sind aber alle Sprachkonstrukte; die gehören in den `<script>`-Block oder in die Code-Behind-Datei.

Um auf das jeweils aktuelle Element der Objektmenge zu verweisen, steht ein Intrinsic Object `Container` zur Verfügung, das vom Typ `System.Web.UI.WebControls.DataListItem` ist und ein Attribut `DataItem` besitzt:

DataItem

```
<%# Container.DataItem %>
```

`DataItem` ist ein vorwärts laufender Zeiger in der Objektmenge. Dieser Platzhalter greift immer auf die `ToString()`-Methode des aktuellen Objekts aus der Objektmenge zu. Das funktioniert wunderbar, wenn die `DataSource` eine Objektmenge ist, die aus Wertetypen (z.B. `System.String`, `System.Int32` oder `System.DateTime`) besteht. Wenn die Objektmenge aber aus anderen Klassen besteht, muss dort die Methode `ToString()` sinnvoll implementiert sein. Das ist bei FCL-Klassen nicht immer der Fall; viele geben den Namen der Klasse mit `ToString()` zurück. Außerdem möchte man die Entscheidung über das Layout ja nicht der Datenstruktur überlassen. Das würde der mehrschichtigen Anwendungsentwicklung (Trennung zwischen Benutzeroberfläche, Anwendungslogik und Daten) widersprechen.

Da `Container.DataItem` direkt einen Zeiger auf das Objekt liefert, kann man alle Attribute und Methoden des Objekts aufrufen:

```
<%# Container.DataItem.Attribut %>
<%# Container.DataItem.Methode() %>
```

Wenn Ihr Objekt ein indiziertes Attribut unterstützt, können Sie dies ebenfalls so verwenden. Das ist zum Beispiel bei einem `DataRow`-Objekt der Fall, mit dem Sie auf die per ADO.NET geladenen Daten in einer `DataTable` zugreifen können:

```
<%# Container.DataItem("NAME") %>
```

Typumwandlung

Mit der letztgenannten Notation werden Sie nicht zum Erfolg kommen, wenn Sie innerhalb der ASPX-Seite die `Option Strict` für Visual Basic .NET (`strict="true"` in der `@Page`-Direktive) verwenden, da dadurch spätes Binden verboten ist. Sie haben dann zwei Alternativen:

1. Bei jedem Zugriff eine Typumwandlung ausführen

    ```
    Ctype(Container.DataItem,KLASSENNAME).MEMBERNAME
    ```

2. Verwendung der `Eval()`-Methode in der Klasse `DataBinder`

    ```
    DataBinder.Eval(Container.DataItem, "ATTRIBUTNAME")
    ```

Leider funktioniert diese zweite Variante nur mit Attributen, die als Properties implementiert sind. Einfache Field-Attribute oder Methoden mit Rückgabewert können leider nicht aufgerufen werden.

7.2   DataList

Liste mit Daten aus Datenquelle

Das `DataList`-Objekt gibt eine Liste entsprechend der Länge der gebundenen Daten aus. Es wiederholt den in der `DataList` definierten Inhalt so oft, wie es Elemente in der Datenquelle gibt. In der Regel werden Sie dabei Daten aus der Datenquelle ausgeben, obwohl man das `DataList`-Control auch dazu einsetzen könnte, auf elegante Weise eine n-fache Wiederholung eines bestimmten statischen oder berechneten Inhalts zu erzeugen. Eine `DataList` kann mehrspaltig sein; der Unterschied zum `DataGrid` ist aber, dass bei einer `DataList` alle Zellen gleich sind (eine mehrspaltige Ausgabe einer **Liste**), während ein `DataGrid` eine zweidimensionale Tabelle mit unterschiedlichen Inhalten in jeder Spalte ist.

Hinweis

Das `DataList`-Control ist dem `Repeater`-Control sehr ähnlich. Letzteres bietet jedoch weniger Funktionen und wird daher aus Platzgründen in diesem Buch nicht näher besprochen.

Schablonen für DataList

Das DataList-Objekt verfügt über zahlreiche Attribute. Die Mehrzahl davon bezieht sich auf das Layout der verschiedenen Elemente einer DataList (Überschrift, Unterschrift, Element, Alternativ-Element, gewähltes Element, Trennelement).

Templates

Sie haben die Möglichkeit, die Liste durch Trennzeilen oder durch eine andere Darstellung jeder zweiten Zeile sehr übersichtlich auszugeben. Das Deklarieren einer Schablone ist keine Pflicht; wenn Sie jedoch keine Schablone angeben, wird auch nichts ausgegeben. Dennoch gelten bestimmte Regeln: Es ist nicht erlaubt, direkt Text zwischen die Begrenzer eines DataList-, DataGrid- oder Repeater-Controls zu schreiben. Wenn Sie etwas ausgeben wollen, müssen Sie Schablonen verwenden (Wenn Sie nichts ausgeben wollen, lassen Sie doch bitte das Steuerelement einfach weg ☺). Wenn Sie <AlternatingItemTemplate>, aber kein <ItemTemplate> angeben, wird nur jeder zweite Datensatz dargestellt.

Schablone	XML-Element	Bedeutung
Überschrift	<HeaderTemplate>	Wird vor dem ersten Datensatz ausgegeben
Unterschrift	<FooterTemplate>	Wird nach dem letzten Datensatz ausgegeben
Element	<ItemTemplate>	Darstellung eines Datensatzes
Alternativ-Element	<AlternatingItemTemplate>	Darstellung jeder zweiten Zeile (wenn dieses Element nicht angegeben ist, werden alle Zeilen gleich dargestellt)
Trennelement	<SeparatorTemplate>	Trennelement zwischen den Zeilen
gewähltes Element	<SelectedItemTemplate>	Darstellung der angewählten Teile

Tabelle 7.1: Schablonen für das DataList-Control

Styles

Zu jedem Schablonen-Element gibt es auch noch ein Style-Element, über das das Layout der jeweiligen Schablone festgelegt werden kann.

```
<AlternatingItemStyle BackColor="Gainsboro" Font-Italic="true"
BorderColor="#99cc99">
</AlternatingItemStyle>
<ItemStyle BackColor="DarkGray">
</ItemStyle>
```

Listing 7.2: Beispiele für Schablonen-Styles

Die unzähligen Möglichkeiten der Schablonen und Schablonen-Styles erforschen Sie am besten mit dem PROPERTY BUILDER, der Teil des Visual Studio .NET-Designers für ASPX-Seiten ist. Klicken Sie sich dort Ihr Wunschlayout zurecht und betrachten Sie dann den Quellcode, den Visual Studio .NET daraus erzeugt hat.

Praxisbeispiel: Anzeige von Suchergebnissen

Ein `DataList`-Steuerelement soll in diesem Beispiel verwendet werden, um die Liste der von einem bestimmten Autor veröffentlichten Bücher auszugeben. Dabei gibt es zwei Ansichten: Eine Ansicht, in der nur die Titel gezeigt werden, und eine Ansicht, in der Autor(en), Titel, Verlag und Erscheinungsdatum sichtbar werden. Die Umschaltung erfolgt mittels eines CheckBox-Steuerelements, das durch Setzen von `AutoPost-Back="True"` sofort nach dem Ändern des Zustands einen Postback zum Server ausführt.

Abbildung 7.1: Einfache Liste der Suchergebnisse [autorensuche.aspx]

Um die Möglichkeit der Bindung an verschiedene Datenstrukturen zu zeigen, stammen die beiden Listen aus unterschiedlichen Datenquellen.

Die einfache Liste ist als ein Array of String angelegt:

```
liste_einfach = New String()
```

Die ausführliche Liste basiert auf einer selbst definierten Datenstruktur, die aus den Klassen `BuchListe` und `BuchInfo` besteht. `BuchListe` ist eine Collection, die von `System.Collections.ArrayList` abgeleitet ist.

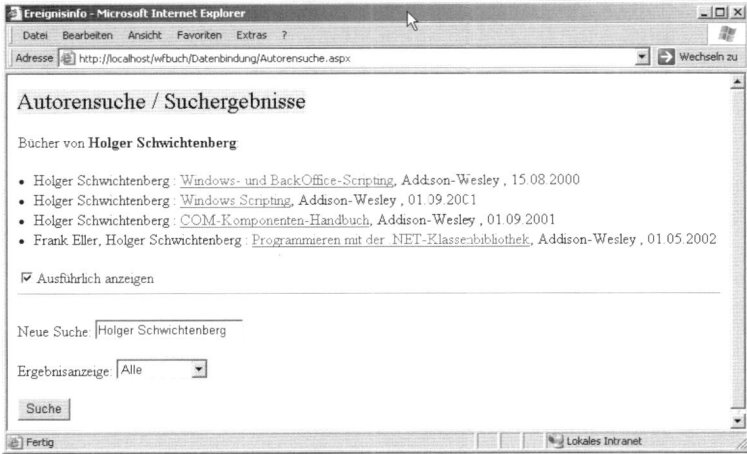

Abbildung 7.2: Ausführliche Liste der Suchergebnisse [autorensuche.aspx]

```
' === Informationen zu einem Buch
Class BuchInfo
   Public Titel As String
   Public Autor As String
   Public Erscheinungsdatum As DateTime
   Public Seitenzahl As Int16
   Public Verlag As String
   ' --- Buch anlegen
   Sub New(ByVal t As String, ByVal a As String, ByVal v As String, _
   ByVal e As DateTime, ByVal s As Int16)
   Titel = t
   Autor = a
   Verlag = v
   Erscheinungsdatum = e
   Seitenzahl = s
   End Sub
   ' --- Jahr aus Erscheinungsdatum extrahieren
   Function Erscheinungsjahr()
      Return Erscheinungsdatum.Year
   End Function
End Class
' === Liste von Objekten des Typs Buchliste
Class BuchListe
   Inherits ArrayList
   Public Overloads Sub add(ByVal b As BuchInfo)
      MyBase.add(b)
   End Sub
End Class
```

Listing 7.3: Klassen für die ausführliche Liste

Page_Load() Um den Quellcode dieses Beispiels nicht zu umfangreich werden zu lassen, sind die Suchergebnisse in die Code-Behind-Datei »hart« hineinkodiert. Die Daten werden in die beiden Datenstrukturen im `Page_Load()`-Ereignis eingefüllt.

```
Dim liste_einfach As String()
Dim meineBuecher As New BuchListe()
Private Sub Page_Load(ByVal sender As System.Object, ByVal e As
System.EventArgs) Handles MyBase.Load
    ' --- einfache Liste füllen
    liste_einfach = New String() ("Windows- und BackOffice-Scripting", _
    "Windows Scripting", "COM-Komponenten-Handbuch", _
    "Programmieren mit der .NET-Klassenbibliothek")
    ' --- ausführliche Liste füllen
    Dim b1, b2, b3, b4 As BuchInfo
    b1 = New BuchInfo("Windows- und BackOffice-Scripting", _
    "Holger Schwichtenberg", "Addison-Wesley", #8/15/2000#, 950)
    meineBuecher.add(b1)
    b2 = New BuchInfo("Windows Scripting", "Holger Schwichtenberg", _
    "Addison-Wesley", #9/1/2001#, 996)
    meineBuecher.add(b2)
    b3 = New BuchInfo("COM-Komponenten-Handbuch", _
    "Holger Schwichtenberg", "Addison-Wesley", #9/1/2001#, 836)
    meineBuecher.add(b3)
    b4 = New BuchInfo("Programmieren mit der .NET-Klassenbibliothek", _
    "Frank Eller, Holger Schwichtenberg", "Addison-Wesley", _
    #5/1/2002#, 600)
    meineBuecher.add(b4)
End Sub
```

Listing 7.4: Ausschnitt aus Autorensuche.aspx.vb

ASPX-Code In der ASPX-Datei ist für jede der beiden Ansichten jeweils ein `Data-List`-Steuerelement (`Ergebnisliste` und `Ergebnisliste_ausfuehrlich`) definiert, das dann fallweise eingeblendet wird.

```
<asp:DataList id="Ergebnisliste" runat="server">
<HeaderTemplate>
Bücher von <STRONG>Holger Schwichtenberg</STRONG>:
<UL>
  </HeaderTemplate>
  <ItemTemplate>
  <LI>
  <asp:LinkBUtton id="Eintrag" Runat="server">
  <%# container.dataitem%>
  </asp:LinkBUtton><BR>
  </LI>
  </ItemTemplate>
  <FooterTemplate>
</UL>
```

```
  </FooterTemplate>
</asp:DataList></P>
<asp:DataList id="Ergebnisliste_ausfuehrlich" runat="server">
<HeaderTemplate>
Bücher von <STRONG>Holger Schwichtenberg</STRONG>:
<UL>
</HeaderTemplate>
<ItemTemplate>
  <LI>
  <%# Container.DataItem.Autor %>:
  <asp:LinkBUtton id="Linkbutton1" Runat="server">
  <%# Container.DataItem.Titel %>
  </asp:LinkBUtton>,
  <%# Container.DataItem.Verlag %>,
  <%# Container.DataItem.Erscheinungsjahr() %>
  </LI></ItemTemplate>
<FooterTemplate>
</UL>
</FooterTemplate>
</asp:DataList>
```

Listing 7.5: Ausschnitt aus Autorensuche.aspx

Die Datenbindung und die fallweise Einblendung der beiden DataList-Steuerelemente erfolgt in der Code-Behind-Klasse in der CheckedChanged()-Ereignisbehandlungsroutine des CheckBox-Steuerelements.

CheckedChanged()

```
Private Sub AnzeigeForm_CheckedChanged(ByVal sender As System.Object,
ByVal e As System.EventArgs) Handles AnzeigeForm.CheckedChanged
   ' --- Auswahl der Anzeige
  If AnzeigeForm.Checked Then
  Ergebnisliste_ausfuehrlich.Visible = True
  Ergebnisliste.Visible = False
  Ergebnisliste_ausfuehrlich.DataSource = meineBuecher
  Ergebnisliste_ausfuehrlich.DataBind()
   Else
  Ergebnisliste_ausfuehrlich.Visible = False
  Ergebnisliste.Visible = True
  Ergebnisliste.DataSource = liste_einfach
  Ergebnisliste.DataBind()
   End If
End Sub
```

Listing 7.6: Ausschnitt aus Autorensuche.aspx.vb

7.3   DataGrid

Daten-Tabelle   Ein DataGrid-Webcontrol ist eine ein- oder mehrspaltige datengebundene Tabelle. Im Unterschied zur DataList kann jede einzelne Spalte der Tabelle einzeln an ein Feld der Datenquelle gebunden und gestaltet werden.

Daten anzeigen mit dem DataGrid

Ein DataGrid ist ein sehr flexibles Instrument. Die Definition von Schablonen ist nicht notwendig, um eine Standardtabelle auszugeben.

```
<asp:DataGrid id="Buchtabelle" runat="server"/>
```

Wenn man an ein solches DataGrid eine Objektmenge (z.B. ein Array oder eine Collection aus dem Namespace System.Collections) oder eine System.Data.DataTable bindet, passt sich das DataGrid automatisch den dort definierten Spalten an.

Praxisbeispiel: Buchtabelle (Version 1.0)

Datenbindung an Array   Um die Schwelle zwischen Automatismen und Konfiguration eines DataGrid-Controls deutlich werden zu lassen, soll im Folgenden ein Beispiel schrittweise erweitert werden.

Das erste Listing zeigt die Bindung des Arrays, das schon beim DataList-Control verwendet wurde.

```
liste_einfach = New String() {"Windows- und BackOffice-Scripting",
"Windows Scripting", "COM-Komponenten-Handbuch", "Programmieren mit
der .NET-Klassenbibliothek"}
Buchtabelle.DataSource = liste_einfach
Buchtabelle.DataBind()
```

Listing 7.7: Bindung eines Arrays an ein DataGrid in BuecherListe.aspx

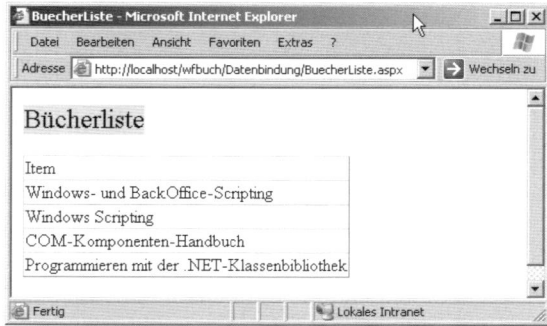

Abbildung 7.3: Darstellung eines Arrays in dem DataGrid

Wie der folgende Screenshot zeigt, wird beim Standardverhalten auch eine Spaltenüberschrift erzeugt; DataMember ist bei einer Collection das Attribut Item.

Bindung an eine Access-Tabelle (Buchtabelle Version 2.0)

Im zweiten Beispiel soll eine Tabelle gebunden werden, die per ADO.NET aus einer Microsoft Access-Datenbank abgefragt wurde. Das folgende Listing zur Abfrage der Daten bleibt unkommentiert gemäß dem Hinweis aus dem Vorwort, dass an dieser Stelle kein Raum für eine Erklärung von ADO.NET bleibt und es dazu einen eigenen Band aus dieser Reihe gibt [WES02].

Datenbindung an DataSet

```
Public Const CONNSTRING As String = "Provider=Microsoft.Jet.OLEDB.4.0;
Data Source=D:\data\adonet\buchkatalog.mdb;"

' === Einlesen der Daten in ein DataSet
Function hole_buecherliste() As System.Data.DataTable
   Dim DS As System.Data.DataSet
   Dim Com As System.Data.OleDb.OleDbCommand
   Dim DA As System.Data.OleDb.OleDbDataAdapter
   Dim DT As System.Data.DataTable
   Dim SQL As String

   ' --- DataSet erzeugen
   DS = New System.Data.DataSet()
   ' --- Einlesen vorbereiten
   SQL = "SELECT
   Buch_name,Buch_autor,Buch_verlag,
   buch_isbn, buch_erscheinungstermin
   FROM buch where buch_autor like '%Schwichtenberg%'"
   DA = New System.Data.OleDb.OleDbDataAdapter(SQL, CONNSTRING)
   ' --- Tabelle lesen
   DA.Fill(DS, "Buecher")
   ' Zugriff auf Tabelle
   DT = DS.Tables("Buecher")
   Return (DT)
End Function
```

Listing 7.8: Einlesen einer Access-Tabelle in BuecherListe.aspx

Das Binden der so ermittelten DataTable an das DataGrid ist ein Zweizeiler:

DataBind()

```
Buchtabelle.DataSource = hole_buecherliste()
Buchtabelle.DataBind()
```

Listing 7.9: Ausschnitt aus Page_Load() in BuecherListe.aspx

Im Vergleich zu dem Aufwand, den man im klassischen ASP für das in der folgenden Bildschirmkopie dargestellte Ergebnis gehabt hätte, kann

ASP.NET an dieser Stelle beeindrucken. Sicherlich nicht befriedigend sind die Formatierung und die der Datenbanktabelle entnommenen Spaltennamen. Ohne den Einsatz von Schablonen kann man aber von dem DataGrid auch nicht erwarten, dass es weiß, wie die Tabelle formatiert werden soll.

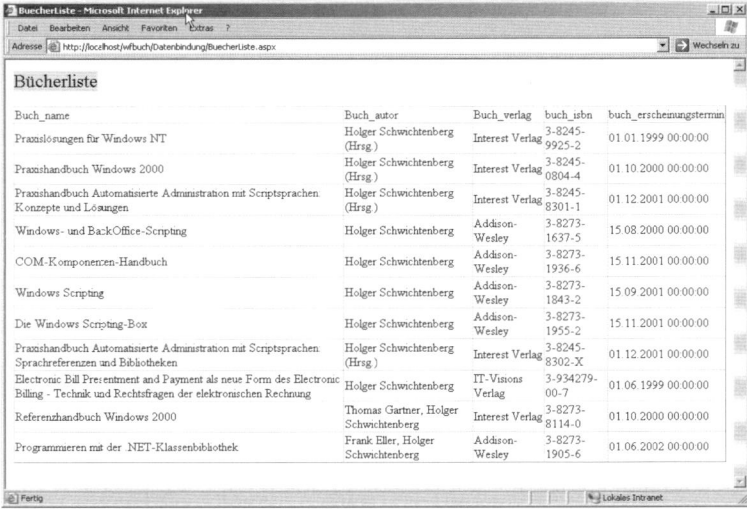

Abbildung 7.4: Ausgabe der Access-Tabelle im DataGrid [BuecherListe.aspx]

Anpassung des DataGrids mit Schablonen (Buchtabelle Version 3.0)

Wie bei der DataList gibt es Schablonen für den Inhalt und Schablonen für die Formatierung.

Schablone	XML-Element	Bedeutung
Spaltendefinition	<Columns>	Enthält die Spaltendefinitionen
Überschrift	<HeaderTemplate>	Wird vor dem ersten Datensatz ausgegeben
Unterschrift	<FooterTemplate>	Wird nach dem letzten Datensatz ausgegeben
Element	<ItemTemplate>	Darstellung eines Datensatzes
Bearbeitetes Element	<EditItemTemplate>	Darstellung einer Zeile, die in Bearbeitung ist

Tabelle 7.2: Schablonen für das DataGrid-Control

Das <Columns>-Element ist das zentrale Element im DataGrid. Damit legt man die Anzahl der Spalten, deren Reihenfolge und Formatierung und die Bindung an Spalten in der Datenquelle fest. Nicht jede Spalte muss gebunden sein; es kann auch Spalten geben mit statischem Text oder Spalten, deren Inhalt errechnet wird. Wenn eine Spalte gebunden sein soll, wird das <BoundColumn>-Tag eingesetzt:

```
<asp:BoundColumn DataField="DATENQUELLESPALTE" HeaderText="SPALTENNAME"/>
```

Um die volle Kontrolle über die Spalten zu haben, muss im <asp:Data-Grid>-Tag das Attribut AutoGenerateColumns auf False gesetzt werden. Mit AutoGenerateColumns="True" und gleichzeitigem Einsatz der <Columns>-Schablone würden Spalten doppelt erscheinen.

Die folgende Tabelle erläutert die verschiedenen Spaltentypen.

Spalten-Steuerelement	Erläuterung
<asp:BoundColumn>	Eine an eine Datenquellen-Spalte gebundene Tabellenspalte. Die Bindung erfolgt durch die Festlegung des Attributs DataField. Ein <%# %>-Ausdruck ist nicht erforderlich.
<asp:HyperLinkColumn>	Eine an eine Datenquellen-Spalte gebundene Tabellenspalte, die zusätzlich mit einem Hyperlink hinterlegt ist. Hier erfolgt die Festlegung der Spalte über DataTextField und DataNavigateUrlField.
<asp:EditCommand Column>	Diese Spalte stellt Buttons oder Links dar, die an eine Änderungsoperation (Einfügen, Ändern, Löschen) gebunden werden können.
<asp:ButtonColumn>	Diese Spalte stellt einen Button dar, der mit einem beliebigen Befehl verbunden werden kann. Eine Datenbindung des Befehlstextes kann durch das Attribut DataField erfolgen.
<asp:TemplateColumn>	Eine frei definierbare Spalte, die jeden beliebigen HTML-Code und Webcontrols enthalten kann. Daten werden hier durch <%# %> ausgegeben.

Tabelle 7.3: Spaltentypen im DataGrid

Die Spalten-Tags besitzen ein Unterelement <HeaderStyle>, mit dem die Spaltenbreite eingestellt werden kann. <TemplateColumn> besitzt zwei Unterelemente <HeaderTemplate> und <ItemTemplate>.

Das folgende Listing zeigt zudem den Einsatz der Formatierungs-Schablonen, um jede zweite Zeile mit einem anderen Grauton zu hinterlegen.

```
<asp:DataGrid id="Buchtabelle" runat="server"
AutoGenerateColumns="False" Font-Size="X-Small">
<AlternatingItemStyle BackColor="Gainsboro"/>
<ItemStyle BackColor="DarkGray"/>
```

```
<Columns>
  <asp:BoundColumn DataField="Buch_Name" HeaderText="Titel"/>
  <asp:BoundColumn DataField="Buch_Autor" HeaderText="Autor(en)"/>
  <asp:BoundColumn DataField="buch_verlag" HeaderText="Verlag"/>
  <asp:BoundColumn DataField="Buch_Erscheinungstermin"
  HeaderText="Erscheinungsjahr"/>
  <asp:BoundColumn DataField="Buch_ISBN" HeaderText="ISBN"/>
</Columns>
</asp:DataGrid>
```

Listing 7.10: Ein DataGrid mit Schablonen [BuecherListe.aspx]

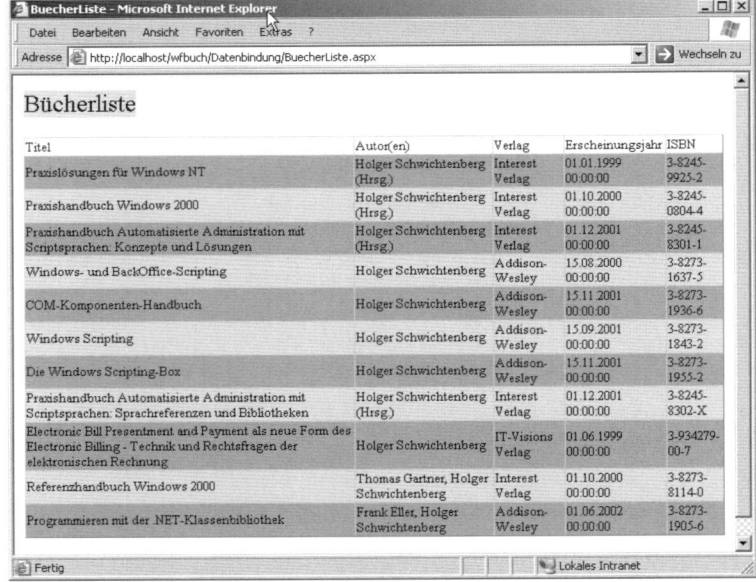

Abbildung 7.5: Ein wesentlich besser formatiertes DataGrid

Weitere Verbesserungen (Buchtabelle Version 4.0)

Weitere Verbesserungs-
möglichkeiten

Missfallen ruft in obiger Darstellung noch hervor, dass statt des Erscheinungsjahrs das komplette Datum mit Uhrzeit ausgegeben und die ISBN-Nummer umgebrochen wird. Außerdem wird man die in der Datenbank für den Titel gespeicherten Hyperlinks verwenden wollen. Diese Ziele lassen sich erreichen:

1. Die Spalte »ISBN-Nummer« auf eine fixe Breite bringen:

```
<asp:BoundColumn DataField="Buch_ISBN" HeaderText="ISBN">
  <HeaderStyle Width="80px"></HeaderStyle>
</asp:BoundColumn>
```

2. Für die Berechnung der Jahreszahl aus dem Datenbankfeld »buch_Erscheinungstermin« wird ein `<TemplateColumn>` benötigt.

```
<asp:TemplateColumn>
    <HeaderTemplate>Jahr</HeaderTemplate>
    <ItemTemplate>
    <%#container.dataitem("Buch_Erscheinungstermin").year%>
    </ItemTemplate>
</asp:TemplateColumn>
```

3. Die Buchtitel mit Hyperlinks hinterlegen, die auch aus der Datenbank stammen.

```
<asp:HyperLinkColumn
    DataNavigateUrlField="buch_link" DataTextField="buch_name"
    HeaderText="Titel">
</asp:HyperLinkColumn>
```

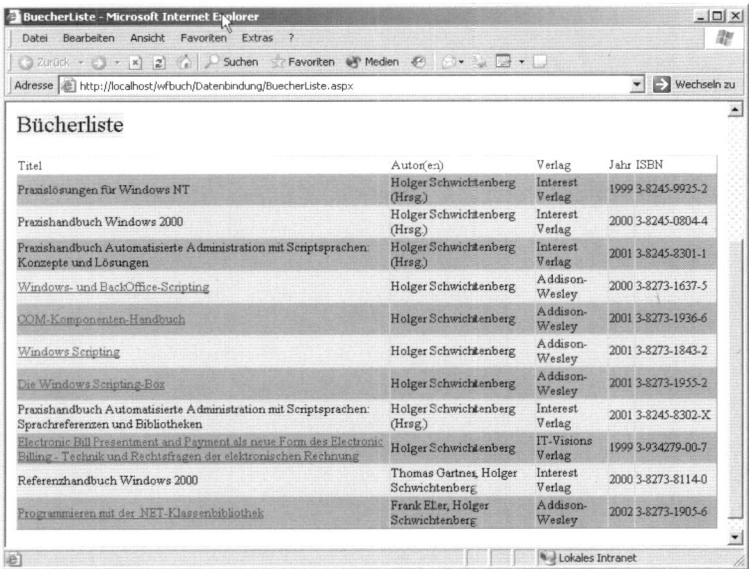

Abbildung 7.6: Endfassung der Bücherliste

Daten ändern mit dem DataGrid

Das DataGrid-Control stellt auch Standardfunktionen zum Ändern von Daten bereit. Diese Funktionen arbeiten zwar nicht vollautomatisch, jedoch nehmen sie dem Entwickler sehr viele Aufgaben ab.

113

Deklarativ (d.h. in der ASPX-Seite über XML-Elemente) kann festgelegt werden, dass:

EditCommandColumn

1. zusätzliche Spalten mit Links oder Buttons angezeigt werden, die Editierfunktionen aufrufen. Zur Verfügung stehen *Select*, *Edit/Update/Cancel* und *Delete*. Dies sind die internen Namen. Die Benennung des Befehls auf dem Bildschirm ist frei wählbar (Element `<asp:EditCommandColum>`).

EditItemStyle

2. eine ausgewählte/gerade editierte Spalte in einem anderen Layout angezeigt wird (`<EditItemStyle>`).

Per Programmcode muss definiert werden, was bei einem Klick auf einen der Befehle passieren soll. Es gibt leider kein Standardverhalten, das überschrieben werden könnte. Im Standardfall passiert gar nichts. So muss also per Programmcode in den spezifischen Ereignisbehandlungsroutinen festgelegt werden, dass

EditCommand()

3. bei einem Klick auf den *Edit*-Befehl die Zeile in den Eingabemodus wechseln soll

```
Private Sub Buchtabelle3_EditCommand(ByVal source As Object,
ByVal e As System.Web.UI.WebControls.DataGridCommandEventArgs)
Handles Buchtabelle3.EditCommand
    Buchtabelle3.EditItemIndex = e.Item.ItemIndex
    Buchtabelle3.DataSource = hole_buecherliste()
    Buchtabelle3.DataBind()
End Sub
```

Wenn ein `DataGrid` in den Änderungsmodus gesetzt wird, zeigt das Grid in der gewählten Zeile für alle `<asp:BoundColumn>`-Spalten (außer denen, wo man `ReadOnly="true"` festlegt) vollautomatisch Textboxen an. Wenn andere Eingabesteuerelemente (z.B. ein Drop-Down-Menü) gewünscht sind, muss man dafür eine `<asp:TemplateColumn>` mit einem `<EditItemTemplate>`-Element definieren.

CancelCommand()

4. bei einem Klick auf den *Cancel*-Befehl für die aktuelle Zeile der Eingabemodus aufgehoben werden soll

```
Private Sub Buchtabelle3_CancelCommand(ByVal source As Object,
ByVal e As System.Web.UI.WebControls.DataGridCommandEventArgs)
Handles Buchtabelle3.CancelCommand
    Buchtabelle3.EditItemIndex = -1
    Buchtabelle3.DataSource = hole_buecherliste()
    Buchtabelle3.DataBind()
End Sub
```

SelectedIndexChange()

5. Gleiches gilt für den *Select*-Befehl. Hier muss allerdings in dem Ereignis `SelectedIndexChange()` der `SelectedIndex` statt `EditItemIndex` angesprochen werden.

6. Für die Befehle *Update* und *Delete* müssen die SQL-Befehle in den entsprechenden Ereignisbehandlungsroutinen `UpdateCommand()` und `DeleteCommand()` hinterlegt werden.

UpdateCommand()

Diese Routinen benötigen natürlich Zugriff auf die Werte der Spalten. Es gibt zwei Varianten: Bei einer `<asp:TemplateColumn>` besitzen die Controls einen Namen und können über `e.Item.FindControl("NAME")` aufgerufen werden. Bei einer `<asp:BoundColumn>` vergibt ASP.NET selbst die Namen. Hier hilft nur der Zugriff über die Spaltennummer: `e.Item.Cells(SPALTENNUMMER).Control(0)`.

```
Public Sub Buchtabelle3_UpdateCommand(ByVal source As Object, ByVal
e As System.Web.UI.WebControls.DataGridCommandEventArgs) Handles
Buchtabelle3.UpdateCommand
    Dim sql As String
    Dim autor, verlag, isbn, id, Datum As String

    ' --- Werte auslesen
    autor = CType(e.Item.Cells(2).Controls(0), TextBox).Text
    verlag = CType(e.Item.Cells(3).Controls(0), TextBox).Text
    isbn = CType(e.Item.Cells(5).Controls(0), TextBox).Text
    id = Buchtabelle3.DataKeys(e.Item.ItemIndex)
    Datum = CType(e.Item.FindControl("Datumeingabe"), TextBox).Text
    ' --- SQL-Befehl zusammenbauen
    sql = "UPDATE buch SET " & _
    "Buch_autor = '" & autor & "', " & _
    "Buch_verlag = '" & verlag & "', " & _
    "buch_erscheinungstermin = '" & Datum & "', " & _
    "Buch_isbn = '" & isbn & "' " & _
    " WHERE Buch_id = " & id & ";"

    ' --- SQL ausführen
    Dim Conn As New System.Data.OleDb.OleDbConnection(CONNSTRING)
    Conn.Open()
    Dim Cmd As New System.Data.OleDb.OleDbCommand(sql, Conn)
    Cmd.ExecuteNonQuery()
    Conn.Close()

    ' --- Anzeige aktualisieren
    Buchtabelle3.EditItemIndex = -1
    Buchtabelle3.DataSource = hole_buecherliste()
    Buchtabelle3.DataBind()
End Sub
```

Listing 7.11: Auszug aus BuecherEdit.aspx.vb

Damit die Editierfunktionen des `DataGrids` funktionieren, ist es sehr wichtig, dass Sie nach jedem Befehl die Datenbindung erneut durchführen. Im `Page_Load()`-Ereignis dürfen Sie die Datenbindung nur beim ersten Aufruf, also nicht bei einem Postback, durchführen. Wenn Sie im

Page_Load()-Ereignis die Datenbindung nicht in ein If Not Page.IsPost-Back ... End If einschließen, werden Sie das DataGrid zur Verzweiflung treiben: Obwohl Sie neue Daten eingegeben haben, wird das UpdateCommand()-Ereignis immer die alten Werte übergeben bekommen!

Praxisbeispiel: Buchtabelle Version 5.0

Bücherliste verändern

In dem Praxisbeispiel, aus dem auch schon die obigen Listings stammen, geht es wieder um die Bücherliste aus dem vorherigen Kapitel. Diese wurde nun um eine Spalte mit dem Link ÄNDERN erweitert. Ein Klick darauf führt die Tabelle in den Änderungsmodus, wodurch einige Spalten als Eingabefelder dargestellt werden und als Befehle SPEICHERN und ABBRECHEN zur Verfügung stehen. Neben der Definition von <asp:EditCommandColum>, <EditItemStyle> und der Ereignisbehandlungsroutinen war es notwendig, entweder das Schlüsselfeld »Buch_ID« als zusätzliche (unsichtbare) Spalte aufzunehmen oder aber im <DataGrid>-Element das Attribut DataKeyField="Buch_id" zu setzen. Dies ist nötig, da für die Ausführung des SQL-Befehls UPDATE das Schlüsselfeld der Tabelle »Buch« benötigt wird, das nicht im DataGrid angezeigt wird.

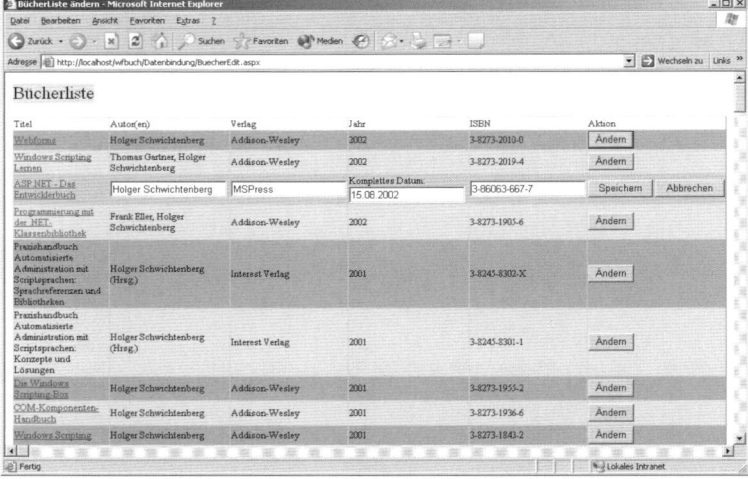

Abbildung 7.7: Die zweite Zeile des DataGrids ist im Editier-Modus [Buecher-Edit.aspx].

8 Zustandsverwaltung (State Management)

Das HTTP-Protokoll ist ein verbindungs- und zustandsloses Protokoll. Verbindungslos bedeutet, dass es keine implizite Sitzung zwischen dem Browser und dem Webserver gibt, in deren Kontext die einzelnen Seiten abgerufen werden. Zustandslos bedeutet, dass der Server zwischen zwei Anfragen keine Informationen über den Client erhält.

Verbindungs- und Zustandslosigkeit des HTTP-Protokolls

Dies hat folgende Konsequenzen: Jede Anfrage ist für den Server neu; er weiß nicht, ob dieser Client zuvor schon eine Seite abgerufen hat oder ob es ein anderer Client ist. Weder die Identifizierung über die IP-Adresse noch die Keep-Alive-Funktion in HTTP 1.1 sind geeignete Instrumente, um die Verbindungs- und Zustandslosigkeit zu überbrücken.

Für die Webserver-Programmierung bedeutet dies im Grundsatz, dass es keine globalen skriptübergreifenden Variablen geben kann. Viele Webanwendungen, z.B. elektronische Warenkorbsysteme, benötigen aber eine Zustandshaftigkeit. Ein ohne Zustandshaftigkeit programmierter Webshop würde bedeuten, dass der Kunde immer nur die Produkte bestellen kann, die er gerade auf der aktuellen Bildschirmseite sieht. Ein Ablegen bzw. Erinnern von Produkten wäre nicht möglich, da der Webserver beim nächsten Seitenaufruf ja schon wieder vergessen hat, was man zuvor ausgewählt hat.

Keine globalen Variablen

8.1 Allgemeine Ansätze zur Überbrückung der Zustandslosigkeit

Es gibt grundsätzlich zwei verschiedene Ansätze zum State Management (d.h. zur Überbrückung der Zustandslosigkeit):

▶ Alle seitenübergreifenden Variablen müssen in die HTML-Ausgabe einer Seite (ggf. in Form versteckter Eingabefelder) eingebaut werden. Beim nächsten Seitenaufruf müssen diese Inhalte über Formularfelder (*Hidden Fields*) oder den Querystring (*URL-Rewriting*) wieder an den Server übertragen werden. Dabei muss sichergestellt werden, dass diese Inhalte wieder in die nächste Seite eingebaut werden. Dieser Weg ist sehr kompliziert und setzt voraus, dass jede einzelne Seite dynamisch generiert wird.

Übertragung durch Felder oder einen Querystring

▶ Als einfachere Lösung wurden später Cookies eingeführt. Dadurch ist eine Webserver-Anwendung in der Lage, alle Werte, die zwischen zwei Aufrufen der Anwendung von einem Client aus erhalten bleiben sollen, an den Browser zu senden. Der Browser wird

Cookies

diese Werte dann beim nächsten Aufruf einer zu der Anwendung gehörenden Seite mitübertragen, so dass die Anwendung wieder in den vorherigen Zustand versetzt werden kann. Oft werden nicht alle Werte an den Client übertragen, sondern nur eine einzige eindeutige Identifikationsnummer, der dann innerhalb der Anwendung die Werte zugeordnet werden.

8.2   State Management in ASP

Das klassische ASP bietet neben der Möglichkeit, Cookies explizit zu setzen, auch noch eine auf Cookies aufbauende einfachere Form des State Managements. Dabei erzeugt ASP die – oben bereits erwähnte – eindeutige Identifikationsnummer.

State Management mit Session- und Application-Variablen

Ein Grund für den Erfolg von ASP ist der Umstand, dass ASP zwei Instrumente bietet, um das State Management weiter zu vereinfachen. Dies sind die Intrinsic Objects `Session` und `Application`, die globale, skriptübergreifende Variablen verwalten. Diese Variablen werden unter Web-Programmierern einfach `Session`- bzw. `Application`-Variablen genannt.

Beide Objekte sind Collections mit der Besonderheit, dass neue Einträge nicht manuell mit `Add()` angelegt werden müssen. Ein Zugriff auf `Item("Name")` legt automatisch ein Objekt dieses Namens an, wenn es noch nicht existierte.

Session-Objekt

Session-Variablen sind an eine Benutzersitzung innerhalb einer Site gebunden. Eine Benutzersitzung beginnt mit dem ersten Seitenabruf durch einen Benutzer und endet eine wohldefinierte Zeit nach dem letzten Seitenabruf. Zur Erinnerung: Aufgrund der Verbindungslosigkeit des HTTP-Protokolls muss sich ein WeFCLient bei einem Webserver nicht abmelden. Wenn also ein Benutzer die Site verlässt, erfährt der Server dies nicht. Er kann nur annehmen, dass dann, wenn innerhalb einer bestimmten Zeit kein weiterer Seitenabruf kommt, der Benutzer die Site verlassen hat.

Grundlage ist ein Session-Cookie

Um eine Session definieren zu können, muss der Webserver den Client identifizieren können. Dies geschieht über ein Cookie. Wohlgemerkt: über genau *ein* Cookie. Das ASP-State Management macht es überflüssig, jede globale Variable als Cookie zum Client zu übertragen. Sofern dies nicht deaktiviert ist, weist ASP jedem neuen Besucher eine so genannte Session-ID zu, die eindeutig ist. Intern verwaltet ASP dann eine Datenbank, in der festgelegt ist, welche Variablen und Werte einer bestimmten Session-ID zugeordnet sind. Beim nächsten Seitenabruf erkennt das ASP-State Management den Benutzer anhand der Session-

ID und stellt dem Skript die zugehörigen Variablen(-werte) bereit. Das ASP-State Management ist nichts, was man sich mit Hilfe von Cookies und einer Datenbank mit ASP nicht auch selbst programmieren könnte. Der Vorteil von ASP ist jedoch, dass dieses Feature schon eingebaut ist!

> Eine ASP-Session-ID verliert nach einem bestimmten Zeitraum ihre Gültigkeit. Diese Timeout-Zeit kann in der Konfiguration der Website oder durch das Attribut `Timeout` im `Session`-Objekt (nicht zu verwechseln mit `Server.Timeout`) gesetzt werden. `Timeout` wird stets in Minuten angegeben. Erfolgt über die eingestellte Anzahl von Minuten hinweg keine Anfrage von einem Client, so verliert die Session-ID ihre Gültigkeit und alle Werte werden gelöscht. Sofern der Benutzer die Site dann doch wieder besucht, beginnt eine neue Benutzersitzung und er erhält eine neue Session-ID. Das ASP-State Management ist also kein Instrument, um Benutzer über einen längeren Zeitraum hinweg wiederzuerkennen. Dazu müssen Sie selbst eine Benutzer-ID erzeugen und diese als Cookie an den Client senden.

Application-Objekt

Das `Application`-Objekt verwaltet Variablenwerte sitzungsübergreifend. Es lebt so lange, wie der Webserver läuft. Ein Anwendungsgebiet sind z.B. Counter, die ja nicht pro Sitzung, sondern global gezählt werden sollen.

Application-Variablen

8.3   State Management in ASP.NET

ASP.NET bietet verschiedene Ausgestaltungsmöglichkeiten des State Managements:

1. ASP.NET kann weiterhin Cookies direkt setzen.

2. Die im klassischen ASP eingeführten `Session`- und `Application`-Variablen gibt es weiterhin. Neu ist, dass diese auch durch URL-Rewriting statt durch Cookies verwendet werden können.

3. ASP.NET bietet ein serverseitiges Steuerelement für Hidden Fields an: `HtmlInputHidden`.

4. Man kann seine eigenen Daten auch an den Hidden Field »ViewState« anhängen, den ASP.NET im Standard sowieso pflegt und »mitschleift«. Gegenüber dem `HtmlInputHidden`-Control besteht ein zusätzlicher Vorteil darin, dass der Inhalt kodiert ist. Die Werte sind zwar nicht verschlüsselt, aber vor normalen Benutzern dennoch besser verborgen. Da der Viewstate aber für jede einzelne Seite neu ermittelt wird, muss man bei einem Übergang zu einer anderen

Seite den Wert auf andere Weise (z. B. Querystring) an die nachfolgende Seite übergeben.

Die Objekte `Session` und `Application` sind in ASP.NET Unterobjekte des `Page`-Objekts. Sie sind Instanzen der Klassen `HttpSessionState` bzw. `HttpApplicationState`.

Angst vor Cookies

Leider gibt es unter den Anwendern viele Ängste vor Cookies. Sobald man ASP-Seiten verwenden, ist auch das State Management automatisch aktiv. Der Benutzer erhält also ein Session-Cookie auch dann, wenn die Webanwendung gar kein State Management benötigt. So könnten überängstliche Webnutzer verschreckt werden.

Sie haben in ASP.NET die Möglichkeit, das State Management zu deaktivieren (wie bisher im klassischen ASP auch) oder aber URL-Rewriting statt Cookies zu verwenden.

Deaktivierung des State Managements

Sie können das State Management für eine einzelne Seite deaktivieren.

Im klassischen ASP (ab ASP 4.0) gab es dafür folgende Direktive:

```
<%@ ENABLESESSIONSSTATE = False %>
```

Dieser Eintrag muss am Beginn jeder ASP-Seite stehen. Jetzt ist die Direktive ein Attribut der `@Page`-Direktive:

```
<%@ Page Language="vb" EnableSessionState="False" ...%>
```

Das Abschalten des State Managements erhöht die Ausführungsgeschwindigkeit von ASP- und ASPX-Seiten.

State Management ohne Cookies

ASP.NET bietet als Alternative zu Cookies auch das State Management durch URL-Rewriting an. Dabei baut ASP.NET die Session-ID in den URL ein, zwischen den Wurzelpfad des Webs und den relativen Pfad, z. B.

```
HTTP://localhost/wfbuch/(2l3xvr454lmtua3sqnht1jfw)
/StateManagement/ueberpruefung.aspx
```

Diese Funktion muss in der *web.config* aktiviert werden:

```
<sessionState … cookieless="true" />
```

Der interne Ablauf ist einfach und wirkungsvoll: Wenn ASP.NET beim ersten Aufruf einer Seite aus dem Web feststellt, dass der URL keine

Session-ID enthält, so erzeugt ASP.NET eine Session-ID und sendet dem Browser einen Redirect zu dem neuen URL mit eingebauter Session-ID. Solange alle Sprünge relativ sind, wird diese Session-ID immer mitgenommen, denn für den Browser ist die Session-ID ein Teil der Wurzel des Webs. Die Session wird aber in dem Moment unterbrochen, wenn es einen absoluten Link gibt, auch dann, wenn er in das gleiche Web verweist.

> Der Mechanismus funktioniert also auch, wenn klassische ASP-Seiten oder HTML-Seiten in der Seitenkette sind. Allerdings kann eine klassische ASP-Seite nicht auf die in einer ASPX-Seite gesetzten Session- und Application-Variablen zugreifen. Diese gehen aber auch dadurch nicht verloren; in der nächsten ASPX-Seite sind sie unverändert vorhanden.

Praxisbeispiel: Newsletter Version 2.0

Die Webanwendung zu diesem Buch enthält im Verzeichnis /State-Management ein Anwendungsbeispiel für das State Management. Die Seite newsletter_eintragen2.aspx ruft die Seite ueberpruefung.aspx auf, in der die eingegebenen Daten von Benutzer noch einmal bestätigt werden müssen. Der Datenaustausch zwischen diesen Seiten erfolgt über Session-Variablen. Das ist wesentlich einfacher als das Anhängen von Daten an den URL – wenngleich nicht so elegant wie der direkte Zugriff bei der Verwendung von Server.Transfer().

Daten per Session-Variable übergeber

```
Private Sub B_Eintragen_Click(ByVal sencer As System.Object, ByVal e
As System.EventArgs) Handles B_Eintrager.Click
    Session("Name") = F_Name.Text
    Session("Vorname") = F_Vorname.Text
    Session("EMail") = F_EMail.Text
    Page.Response.Redirect("ueberpruefung.aspx")
End Sub
```

Listing 8.1: Ausschnitt aus newsletter_eintragen2.aspx

```
Private Sub Page_Load(ByVal sender As System.Object, ByVal e As
System.EventArgs) Handles MyBase.Load
    L_Name.Text = Session.Item("Name")
    L_Vorname.Text = Session("Vorname")
    L_Email.Text = Session("email")
End Sub
```

Listing 8.2: Ausschnitt aus ueberpruefung.aspx

9   Verwendung von Komponenten

Sie können in ASP.NET-Anwendungen nicht nur auf .NET-Komponen-   **Komponentennutzung**
ten, sondern auch auf Komponenten, die gemäß dem Component
Object Model (COM) entwickelt wurden, zurückgreifen.

9.1   Verwendung von .NET-Komponenten

Sie können aus einer ASP.NET-Anwendung heraus jede beliebige .NET-   **<add>**
Komponente verwenden. Die Komponente muss sich jedoch entweder
im privaten Assembly-Verzeichnis der ASP.NET-Anwendung, also dem
/bin-Verzeichnis, oder aber im Global Assembly Cache (GAC) befinden.
Außerdem muss die Assembly in der Konfigurationsdatei eingebunden
werden. Dazu verwendet man das <add>-Element innerhalb der Sektion
<compilation><assemblies>.

In dem folgenden Beispiel wird die *System.DirectoyServices*-Assembly   **Beispiel**
aus dem GAC eingebunden.

```
<configuration>
<system.web>
<compilation defaultLanguage="vb" debug="true">
<assemblies>
<add assembly="System.DirectoryServices, Version=1.0.3300.0,
Culture=neutral, PublicKeyToken=b03f5f7f11d50a3a" />
</assemblies>
</compilation>
</system.web>
</configuration>
```

Listing 9.1: Ausschnitt aus einer web.config-Datei

In der globalen Konfigurationsdatei *machine.config* sind im Standard   **machine.config**
zahlreiche Assemblies eingebunden. <add assembly="*"/> bedeutet, dass
alle Assemblies aus dem privaten Assembly-Verzeichnis */bin* automatisch referenziert werden sollen. Das heißt also, dass die dort liegenden
Assemblies nicht explizit eingebunden werden müssen.

```
<assemblies>
<add assembly="mscorlib" />
<add assembly="System, Version=1.0.3300.0, Culture=neutral,
PublicKeyToken=b77a5c561934e089" />
<add assembly="System.Web, Version=1.0.3300.0, Culture=neutral,
PublicKeyToken=b03f5f7f11d50a3a" />
```

```
<add assembly="System.Data, Version=1.0.3300.0, Culture=neutral,
PublicKeyToken=b77a5c561934e089" />
<add assembly="System.Web.Services, Version=1.0.3300.0,
Culture=neutral, PublicKeyToken=b03f5f7f11d50a3a" />
<add assembly="System.Xml, Version=1.0.3300.0, Culture=neutral,
PublicKeyToken=b77a5c561934e089" />
<add assembly="System.Drawing, Version=1.0.3300.0, Culture=neutral,
PublicKeyToken=b03f5f7f11d50a3a" />
<add assembly="System.EnterpriseServices, Version=1.0.3300.0,
Culture=neutral, PublicKeyToken=b03f5f7f11d50a3a" />
<add assembly="*" />
</assemblies>
```

 Diese Assemblies-Referenzierung gilt nur für die Laufzeitkompilierung. Bei der Kompilierung zur Entwicklungszeit müssen die Assemblies-Referenzen zusätzlich als *Verweis* dem Visual Studio .NET-Projekt bzw. als Parameter dem Kommandozeilenkompiler übergeben werden.

Verwendung einer Komponente

@Import Wenn die Komponente in einer in der Vererbungshierarchie der Konfigurationsdateien für eine bestimmte ASPX-Datei relevanten Konfigurationsdatei eingebunden wurde, stehen die Typen dieser Komponente in der ASPX-Seite zur Verfügung. Um nicht jedesmal den vollständigen Typnamen inklusive des ganzen Namespaces nennen zu müssen, kann ein Namespace eingebunden werden (vergleichbar mit dem `Imports`-Statement in Visual Basic .NET bzw. dem `Using`-Statement in C#). Die `@Import`-Direktive ist für alle Sprachen gleich:

```
%@Import Namespace="System.DirectoryServices"%
```

Imports In einer Code-Behind-Datei kann man dagegen die ganz normalen sprachspezifischen Statements verwenden, z.B. für Visual Basic .NET:

```
Imports System.DirectoryServices
```

Austausch einer Komponente

Redundante Kopie der Komponenten Im klassischen ASP musste zum Austausch einer verwendeten Komponente der Webserver-Dienst gestoppt und neu gestartet werden, da der IIS die Komponenten gelockt hat. Um dies zu umgehen, legt ASP.NET eine Kopie aller Komponenten aus dem */bin*-Verzeichnis unterhalb von *%WINDIR%\Microsoft.NET\Framework\v1.0.3705\Temporary ASP.NET Files* an. Wenn eine Komponente im */bin*-Verzeichnis ersetzt wird, verwendet ASP.NET für alle laufenden Anfragen noch die alte Datei und kopiert dann die neue Datei in das *Temporary ASP.NET Files*-Verzeichnis. Dadurch ist ein Neustart des Webdienstes nicht notwendig.

Vorkompilierte Code-Behind-Dateien

Wenn Code-Behind-Dateien bereits zur Entwicklungszeit kompiliert werden, dann müssen die benötigten Assemblies bei der Kompilierung referenziert werden, da diese Kompilierung nichts mit den ASP.NET-Konfigurationsdateien zu tun hat. Visual Studio .NET bietet daher in einem ASP.NET-Projekt Verweise an, wie in jedem anderen Projekttyp auch.

Compiler-Verweise

Instanziierung

Zur Instanziierung von .NET-Objekten innerhalb von ASPX-Seiten kann alternativ zur programmatischen Instanziierung auch eine deklarative Instanziierung mit dem `<object>`-Tag erfolgen. Dabei wird eine Instanz der nach `class` genannten .NET-Klasse erzeugt und steht unter dem bei `id` genannten Namen innerhalb der ASPX-Seite zur Verfügung.

```
<object id="de" runat="server"
class="System.DirectoryServices.DirectoryEntry"/>
<script runat="server">
  Sub Page_Load(Sender As Object, E As EventArgs)
    de.Path = "WinNT://Mars/Administratoren"
    Response.Write(de.SchemaClassName)
  End Sub
</script>
```

Listing 9.2: komponenten.aspx

Das `<object>`-Tag kann auch in der *Global.asax*-Datei verwendet werden und gilt dann mit der Angabe `scope='session|application'` für alle ASPX-Seiten. Das `scope`-Attribut unterscheidet, ob es eine globale Instanz für die ganze Webanwendung gibt (`scope="application"`) oder ob jede Session eine eigene Instanz bekommt (`scope="session"`).

```
<object ic="de" scope="application"
class="System.DirectoryServices.DirectoryEntry" runat="server" />
```

Beispiel

9.2 Verwendung von COM-Komponenten

Sie können in ASP.NET-Anwendungen weiterhin COM-Komponenten verwenden. Dazu haben Sie zwei Alternativen: spätes oder frühes Binden.

Spätes Binden

Die Methode `Server.CreateObject("PROGID")` wird weiterhin zur Instanziierung von COM-Komponenten unterstützt. Auch das `<object>`-Tag wird für COM-Objekte wie bisher unterstützt:

CreateObject()

```
<object id="NAME" [scope="session|application"] runat="server"
progid="PROGID"/>
<object id="NAME" [scope="session|application"] runat="server"
classid="CLSID"/>
```

Neu ist die Methode Server.CreateObjectFromClsid(CLSID).

Frühes Binden

TlbImp.exe   Wie immer im .NET Framework haben Sie die Möglichkeit, mit dem Werkzeug *TlbImp.exe* aus dem .NET Software Development Kit eine Wrapper-Assembly für eine COM-Komponente zu erzeugen und die COM-Komponente dann auch über frühes Binden wie die .NET-Komponenten zu verwenden.

COM-Kompatibilität aktivieren

aspcompat   Da .NET Multiple Threaded Appartments (MTA) verwendet, muss für den Fall, dass COM-Komponenten verwendet werden sollen, die gemäß dem Single Threaded Appartment (STA)-Modell entwickelt wurden, ein spezieller Kompatibilitätsmodus aktiviert werden. Um STA-COM-Komponenten (also alle Visual Basic 6.0-Komponenten oder andere Komponenten, die mit »Appartment« gekennzeichnet wurden) nutzen zu können, ist es notwendig, ASP.NET durch das Attribut asp-compat="true" in der @Page-Direktive in den ASP-Kompatibilitätsmodus zu zwingen. Ohne dieses Attribut kommt es zu einer System.Web.HttpException. Nicht notwendig ist der Kompatibilitätsmodus für COM-Komponenten, die das MTA-Modell verwenden (Diese Komponenten sind mit »Both« oder »Free« markiert. Dies gilt für alle mit der Active Template Library (ATL) entwickelten Komponenten.).

Beispiel
```
<%@ Page Language="vb" aspcompat="true">
...
Dim wshnet As Object
wshnet = Server.CreateObject("WScript.Network")
Response.Write("Aktueller Benutzer: " & wshnet.userdomain & "\" & _
wshnet.username & "<br>")
```

10 Global.asax

Die Datei *Global.asax* ist eine besondere Datei für ASP.NET. Hier können zwei Arten von Informationen hinterlegt werden:

▶ Ereignisbehandlungsroutinen für globale (also seitenübergreifende) Ereignisse

▶ Instanziierung statischer Objekte

Die *Global.asax*-Datei ist optional. Wenn sie angelegt wird, muss sie direkt im Wurzelverzeichnis eines virtuellen Webservers liegen. Wenn sich die Datei an einer anderen Stelle befindet, wird sie ignoriert.

Die Datei muss eine Klasse enthalten, die von `System.Web.HttpApplication` erbt.

```
Public Class Global
    Inherits System.Web.HttpApplication
```

Das Pendant der *Global.asax*-Datei unter dem klassischen ASP heißt *Global.asa*. Dort gibt es allerdings nur vier mögliche Ereignisse. Eine *Global.asax* und eine *Global.asa*-Datei können parallel in einem Web existieren.

Wenn die *Global.asax*-Datei geändert wird, führt dies zum Ende aller aktuellen Sessions und zum Neustart der Anwendung.

Die *Global.asax*-Datei kann auch nach dem Code-Behind-Modell entwickelt werden. Sie wird wie eine normale ASPX-Datei in Quellcode verwandelt, in MSIL kompiliert und dann ausgeführt.

10.1 Globale Ereignisse

Die Ereignisbehandlungsroutinen werden üblicherweise in der Code-Behind-Datei der *Global.asax*-Datei, also in der *Global.asax.vb*, definiert. Die Ereignisbehandlungsroutinen in *Global.asax.vb* benötigen nicht das Stichwort `Handles`. Anders als in einer *Global.asa*-Datei dürfen die meisten Ereignisse in ASP.NET Ausgaben an den Browser (z.B. mit `Response.Write()`) erzeugen. Verboten ist dies allerdings in `Application_Start()`. Und in `Application_End()` und `Session_End()` macht es keinen Sinn.

Anwendungs-Ereignisse

Ereignis	Beschreibung
`Application_Start(ByVal sender As Object, ByVal e As EventArgs)`	Dieses Ereignis wird ausgelöst, wenn nach dem Start des Webservers die erste ASP-Seite aufgerufen wird. Es wird aber noch nicht aufgerufen, wenn der Webserver-Prozess gestartet wird oder wenn nicht-dynamische Seiten aufgerufen werden.
`Application_End(ByVal sender As Object, ByVal e As EventArgs)`	Dieses Ereignis wird ausgelöst, wenn der Serverprozess heruntergefahren wird oder die Datei *global.asax* geändert wurde.
`Session_Start(ByVal sender As Object, ByVal e As EventArgs)`	Dieses Ereignis wird ausgelöst, wenn eine neue Benutzersitzung beginnt.
`Session_End(ByVal sender As Object, ByVal e As EventArgs)`	Dieses Ereignis wird ausgelöst, wenn eine Benutzersitzung endet.
`Application_BeginRequest(ByVal sender As Object, ByVal e As EventArgs)`	Dieses Ereignis wird vor jeder einzelnen Seitenanfrage ausgelöst.
`Application_EndRequest(ByVal sender As Object, ByVal e As EventArgs)`	Dieses Ereignis wird nach jeder einzelnen Seitenanfrage ausgelöst.
`Application_AuthenticateRequest (ByVal sender As Object, ByVal e As EventArgs)`	Dieses Ereignis wird ausgelöst, wenn der Benutzer authentifiziert wird.
`Application_Error(ByVal sender As Object, ByVal e As EventArgs)`	Dieses Ereignis wird bei jedem Laufzeitfehler ausgelöst.

Tabelle 10.1: Überblick über die Ereignisse in der Global.asax

Anwendungsbeispiele für globale Ereignisse

Es gibt einige Anwendungsgebiete für diese Events, z.B.:

▶ Hochzählen eines Counters für die Anzahl der Benutzersitzungen in `Session_Start()`. Der Counter muss dafür in einer Application-Variablen angelegt werden.

▶ Löschen von in Dateien oder Datenbanken gespeicherten, benutzerbezogenen Daten in `Session_End()`

▶ Benachrichtigung des Webmasters oder Schreiben eines Protokolls, wenn der Server gestartet oder gestoppt wird (`Application_Start()` und `Application_End()`)

▶ In `Application_End()` sollten alle Application-Variablen, die beim Wiederanlauf des Servers erneut benötigt werden (z.B. Counter), in externen Datenspeichern (z.B. in einer Datei oder Datenbank) persistent gemacht werden. In `Application_Start()` können diese Werte wieder eingelesen werden.

▶ `Session_Start()` kann dazu genutzt werden, einen neu ankommenden Besucher auf eine Startseite zu zwingen, auch wenn eine andere Seite direkt angesprungen wurde. Dies ist möglich, da alle Features der `Request`- und `Response`-Objekte (inkl. `Response.Redirect()`) in `Session_Start()` zur Verfügung stehen.

10.2 Statische Objekte

Die *global.asax* bietet als zusätzliches Feature die Instanziierung globaler Objekte (sie werden *statische Objekte* genannt). Diese können mit Hilfe des `<object>`-Tags außerhalb des `<script>`-Tags definiert werden.

`<object>`

```
<OBJECT
RUNAT=Server
SCOPE=Session|Application
ID=objVar
PROGID="COM_PROGID"|CLSID="COM_CLSID"|CLASS='DOTNETKLASSE'>
</OBJECT>
```

Der Gültigkeitsbereich eines statischen Objekts ist entweder benutzersitzungsbezogen (`SCOPE="Session"`) oder sitzungsübergreifend (`SCOPE="Application"`). Die Klasse wird entweder über eine COM-Prog ID, eine COM-CLSID oder einen voll qualifizierten .NET-Klassennamen spezifiziert. Die Instanz wird der nach `ID=` bezeichneten Objektvariablen zugewiesen. Jede ASPX-Seite kann dann das statische Objekt über die Objektvariable direkt verwenden. Aus Sicht der ASP-Seite wird die Instanz zu einem Intrinsic Object.

Scope

Praxisbeispiel

Es folgt ein Beispiel für eine sitzungsbezogene Objektinstanziierung in der *global.asax* für die COM-Klasse `Scripting.FileSystemObject` und für eine anwendungsbezogene Objektinstanziierung in der *global.asax* für die .NET-Klasse `System.DirectoryServices.DirectoryEntry`. Jede Seite kann danach die Instanzen mit den Objektvariablen `FSO` und `ENTRY` benutzen.

Eine COM- und eine .NET-Klasse

```
<%@ Application Codebehind="Global.asax.vb" Inherits="wf.Global" %>
<OBJECT RUNAT=Server SCOPE=Session ID="FSO"
PROGID="Scripting.FileSystemObject">
</OBJECT>
<object ID="ENTRY" scope="application"
class="System.DirectoryServices.DirectoryEntry" runat="server" />
```

Listing 10.1: Beispiel für eine Global.asax-Datei

Liste der statischen Objekte

StaticObjects Über die StaticObjects-Collection des Session- bzw. Application-Objekts ist es möglich, die vorhandenen statischen Objekte aufzulisten.

```
' --- Liste der statischen Objekte
Sub list_StatObjects()
    Dim entry As DictionaryEntry
    Response.Write("<hr>Alle statischen Objekte auf Session-
    Ebene:<br>")
    For Each entry In Session.StaticObjects
     Response.Write(entry.Key & ": Instanz der Klasse " & _
     entry.Value.GetType.ToString & "<br>")
    Next
    Response.Write("<hr>Alle statischen Objekte auf Application-
    Ebene:<br>")
    For Each entry In Application.StaticObjects
     Response.Write(entry.Key & ": Instanz der Klasse " & _
        entry.Value.GetType.ToString & "<br>")
    Next
End Sub
```

Listing 10.2: komponenten.aspx

Ausgabe Für die obige Instanziierung von FSO und ENTRY würde folgende Ausgabe entstehen:

Alle statischen Objekte auf Session-Ebene:
FSO: Instanz der Klasse System.__ComObject

Alle statischen Objekte auf Application-Ebene:
ENTRY: Instanz der Klasse System.DirectoryServices.DirectoryEntry

---

Abbildung 10.1: Ausgabe von list_StatObjects()

11 Fehlersuche und Fehlerbehandlung

Fehlerfrei programmieren kann niemand. Daher ist es wichtig, dass eine Programmierplattform geeignete Möglichkeiten zur Fehlersuche bereitstellt. Unter dem klassischen ASP war die Fehlersuche eine mühsame Aufgabe. Das in Visual InterDev enthaltene Remote-Debugging zum Laufen zu bekommen war oft aufwändiger, als den Fehler mit `Response.Write()`-Statements einzukreisen.

Beim klassischen ASP wurde die Seite im Fehlerfall (soweit sie einwandfrei verarbeitet werden konnte) an den Client gesendet und die Fehlermeldung angehängt. Dies konnte unter Umständen dazu führen, dass die Fehlermeldung nur im Quelltext sichtbar war, wenn durch die Fehlermeldung kein korrektes HTML mehr entstanden ist (z.B. bei einem Fehler beim Schreiben eines `<select>`-Elements). ASP.NET liefert im Fehlerfalle gar nichts von der eigentlichen Ausgabe der Seite, sondern nur eine spezielle Fehlerseite.

Anzeige der Fehlermeldung

11.1 Debugging

Microsoft bietet zwei Debugger für ASP.NET: den kostenlosen SDK-Debugger (*DbgCLR.exe*) und den Debugger in Visual Studio .NET. Die letztgenannte Möglichkeit ist etwas komfortabler, jedoch bietet auch *DbgCLR.exe* alle wesentlichen Funktionen. In beiden Debuggern stehen die in .NET üblichen Debugging-Funktionen wie Haltepunkte, bedingter Halt, Variablenansicht/-änderung, Call Stack, IL-Codeansicht etc. zur Verfügung.

> Das Debugging funktioniert mit Visual Studio .NET auch auf entfernten ASP.NET-Webservern. Voraussetzung ist, dass man von der Visual Studio .NET-CD-ROM die entsprechenden »Server-Komponenten« auf dem entfernten Rechner installiert, sofern dort nicht Visual Studio .NET vorhanden ist.

Profi-Tipp

Aktivierung des Debuggings

Um das Debugging zu ermöglichen, muss man zwei Schritte unternehmen:

1. das Debugging in der *web.config*-Datei aktivieren

```
<compilation debug="true" ...>
```

2. das debug-Attribut in der @Page-Direktive setzen

```
<%@ Page debug="True" ...%>
```

Bei der Verwendung von Visual Studio .NET müssen Sie außerdem darauf achten, dass die Konfiguration der Solution, in der Ihr Projekt läuft, auf DEBUG steht und in den Projekteigenschaften das Debugging für ASP.NET aktiviert ist.

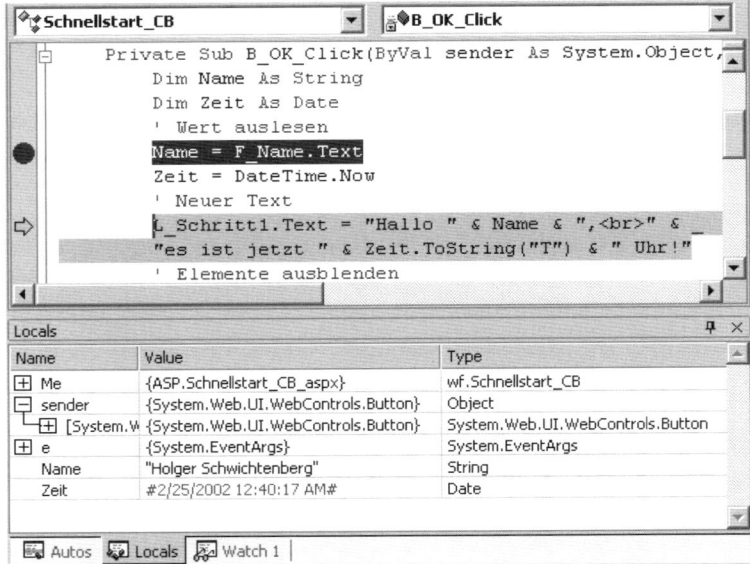

Abbildung 11.1: Debugging einer Code-Behind-Datei in Visual Studio .NET mit einem Haltepunkt

Debugging im Fehlerfall

Wenn ASP.NET auf einen Haltepunkt trifft, wird der Debugger aufgerufen. Wenn jedoch ein Fehler auftritt, zeigt ASP.NET die Fehlerseite. Um Ihre Seite im Fehlerfall in den Debugger zu schicken, müssen Sie im Menü DEBUG/EXCEPTIONS festlegen, dass der Debugger bei bestimmten Exceptions aufgerufen werden soll. Sie können dies auch für alle Exceptions festlegen.

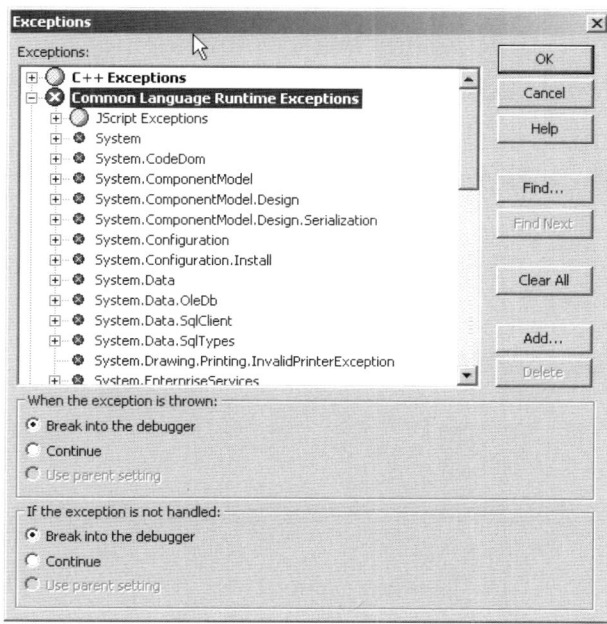

Abbildung 11.2: Definition der Exceptions, die zum Aufruf des Debuggers führen

11.2 Tracing

ASP.NET bietet eine Option, bei jeder Seitengenerierung automatisch zahlreiche Informationen über den Verarbeitungsprozess mit in die Ausgabeseite einzubauen. Dargestellt werden folgende Informationen:

Protokollierung

1. Session-ID

2. Zeitpunkt der Anfrage

3. HTTP-Verb der Anfrage (GET oder POST)

4. Kodierung der Anfrage und der Antwort

5. Dauer der einzelnen Stadien der Seitengenerierung

6. Baum der Steuerelemente mit der Größe und dem Platz, den sie im Viewstate einnehmen

7. Inhalt der Servervariablen

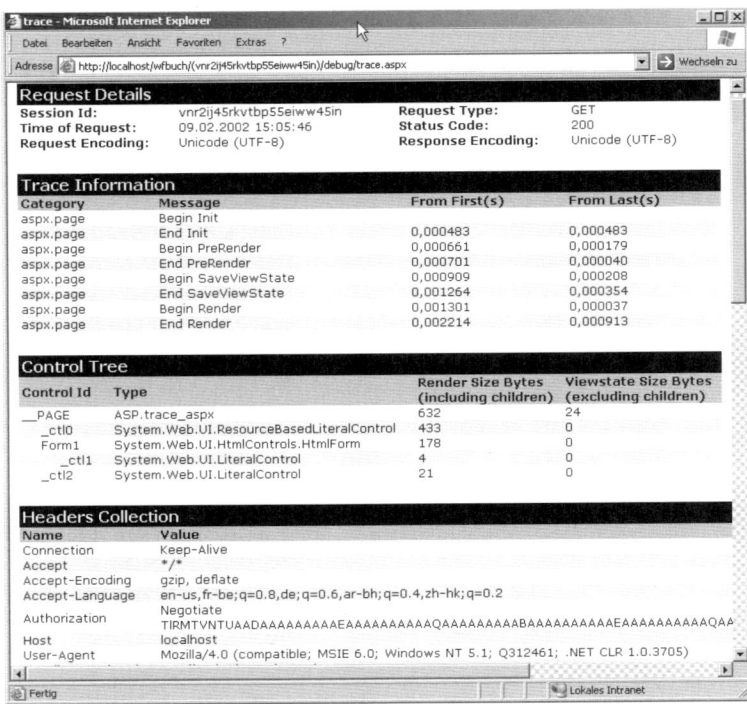

Abbildung 11.3: Trace-Protokoll einer ASPX-Seite

Aktivierung des Tracings

Lokale Aktivierung

Um das Tracing zu aktivieren, muss man das `trace`-Attribut in der `@Page`-Direktive setzen:

```
<%@ Page ... trace="true"%>
```

Globale Aktivierung

Das Tracing kann auch global in der *web.config*-Datei aktiviert werden. Wenn dort `enabled` und `pageOutput` auf `true` gesetzt sind, werden die Trace-Daten auf jeder Seite angesetzt – außer, wenn in der `@Page`-Direktive der einzelnen Seite ausdrücklich `trace="false"` festgelegt ist.

```
<configuration>
...
<trace enabled="true" requestLimit="10" pageOutput="true"
traceMode="SortByTime" localOnly="true" />
...
</configuration>
```

Application Tracing

Die Aktivierung des Tracings in der *web.config*-Datei ermöglicht auch, ein seitenübergreifendes Trace-Protokoll anzusehen. Dies kann unter dem Seitennamen *http://server/webname/trace.axd* erreicht werden. Diese Seite gibt es nicht wirklich; ein spezieller ISAPI-Filter sorgt dafür, dass hier eine Übersicht über die letzten Seitenabrufe erscheint und die Möglichkeit anbietet, das Trace-Protokoll jeder dieser Seiten anzusehen.

trace.axd

Um diese Funktion zu nutzen, muss im `<trace>`-Element `enabled` auf `true` gestellt werden. Die Einstellung von `paceOutput` ist irrelevant.

Eigene Ausgaben

Mit dem `Trace`-Objekt (ein Unterobjekt von `Page`) können Sie beliebige eigene Ausgaben in das Trace-Protokoll schreiben:

Trace-Objekt

```
Trace.Write("Zeit", "Page_Load aufgerufen: " & Now)
Trace.Warn("Error", "Page_Load macht nichts!")
```

Die mit `Warn()` erzeugten Ausgaben werden im Gegensatz zu den mit `Write()` erzeugten Ausgaben rot dargestellt.

Trace Information			
Category	**Message**	**From First(s)**	**From Last(s)**
aspx.page	Begin Init		
aspx.page	End Init	0,000336	0,000336
Zeit	Page_Load aufgerufen: 24.02.2002 23:59:50	0,000891	0,000556
Error	Page_Load macht nichts!	0,000935	0,000044
aspx.page	Begin PreRender	0,000964	0,000029

Abbildung 11.4: Eigene Ausgaben im Trace-Protokoll

11.3 Fehlerseiten

Genau wie im IIS für jeden HTTP-Fehler eine eigene, benutzerdefinierte Fehlerseite definiert werden kann, erlaubt ASP.NET dies auch über die *web.config*-Datei.

`<customErrors>`

```
<customErrors mode="On">
<error statusCode="404" redirect="Fehlerseiten/
DateiNichtGefunden.aspx"/>
</customErrors>
```

Diese Fehlerseiteneinstellungen gelten allerdings nur für Dateien mit der Dateiextension *.aspx*. Bei allen anderen Fällen (z.B. *.htm*-Seiten) ist die ASP.NET-Engine gar nicht beteiligt und es werden daher die im IIS konfigurierten Fehlerseiten angezeigt.

12 Selbst entwickelte Webform-Steuerelemente

Es gibt in ASP.NET die Möglichkeit, eigene serverbasierte Webcontrols zu definieren. ASP.NET bietet mehrere Typen selbst entwickelter Webcontrols (siehe nachfolgende Abbildung).

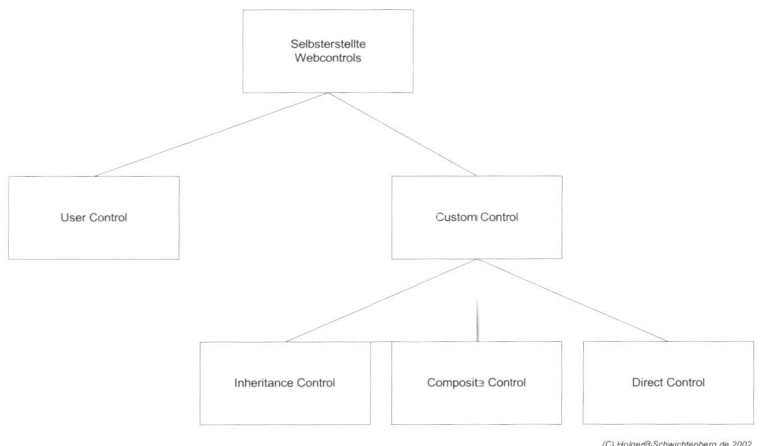

Abbildung 12.1: Überblick über selbst entwickelte Controls in ASP.NET

Hinweis

> Im Prinzip sind selbst entwickelte Steuerelemente also nichts anderes als die Möglichkeit, eigene Tags zu definieren, die auf der Serverseite ausgewertet werden. Diese Möglichkeit gab es zuvor schon in der Java 2 Enterprise Edition (J2EE).

12.1 Vergleich der verschiedenen Typen

User Controls sind selbst entwickelte Webcontrols in Form einer HTML-Quellcode-Datei, optional mit Code-Behind-Datei. Sie haben die Dateiextension *.ascx* und liegen innerhalb einer Webanwendung. Ein User Control ist eine von System.Web.UI.UserControl bzw. System.Web.UI.MobileControls.MobileUserControl abgeleitete Klasse. User Controls wurden früher *Pagelets* genannt.

User Control

Custom Controls sind in ASP.NET ebenfalls selbst entwickelte Webcontrols, die aber in Form einer Assembly vorliegen, die sich an jedem beliebigen Ort befinden kann. Ein Custom Control kann im Global Assembly Cache (GAC) liegen und so von jeder Webanwendung verwendet wer-

Custom Control

den. Bei Custom Controls gibt es keine HTML-Quellcodedatei. Der auszugebende Code wird über ein `HtmlTextWriter`-Objekt an ASP.NET geliefert. Es gibt drei Untertypen von Custom Controls:

Direct Control

1. **Direct Control:** ein Control, das direkt von `System.Web.UI.WebControl.WebControl` erbt

Inheritance Control

2. **Inheritance Control:** ein Control, das von einem bestehenden Webcontrol erbt. Das Inheritance Control kann einzelne Methoden des vererbenden Webcontrols überschreiben oder neue Mitglieder hinzufügen.

Composite Control

3. **Composite Control:** ein Control, das aus mehreren bestehenden Controls zusammengesetzt wird. Oberklasse ist `System.Web.UI.Control`. Ein Composite Control ist einem User Control sehr ähnlich. Neben dem Unterschied, dass das Composite Control in Form einer Assembly und das User Control in Form einer Quellcodedatei verbreitet wird, besteht der Unterschied darin, dass das User Control leichter zu erstellen ist. Dagegen bietet aber das Composite Control dem späteren Nutzer mehr Vorteile als ein User Control.

Hinweis

> In der deutschen Dokumentation nennt Microsoft die User Controls »Webbenutzersteuerelemente« und die Custom Controls »benutzerdefinierte Websteuerelemente«. Dies sind wenig glücklich gewählte Übersetzungen.

Es gibt die Möglichkeit, User Controls mit Schablonen (genau wie bei den Webcontrols `Repeater`, `DataList` und `DataGrid`) zu entwickeln.

12.2 Nutzung von selbst definierten Controls

Selbst definierte Controls werden – wie die System-Steuerelemente auch – durch Tags eingebunden.

Registrierung des Steuerelements

Benutzerdefinierte Steuerelemente müssen auf jeder Container-Seite, auf der sie verwendet werden, explizit eingebunden werden. Dazu dient die Seitendirektive `@Register`. Anzugeben sind ein Name für das Tag, ein Namespace für das Tag und die ASCX-Datei bzw. die Assembly, die das Steuerelement implementiert.

Registrierung eines User Controls	Registrierung eines Custom Controls

`<%@ Register TagPrefix="HS"`
`TagName="LoginBox"`
`Src="LoginBox.ascx"`
`%>`
	`<%@ Register`
	`TagPrefix="HS" TagName="LoginBox"`
	`Namespace="ITVisions.Controls"`
	`Assembly="ITVisions.Controls" %>`

Ein benutzerdefiniertes Webcontrol wird über seinen Namen verwendet, wie ein Standard-Webcontrol. Als Namespace kommt jedoch nicht asp, sondern der bei der Registrierung vergebene `TagPrefix` zum Einsatz.

Verwendung eines User Controls

Nutzung eines User Controls	Nutzung eines Custom Controls

`<HS:loginbox id="login"`
`runat="server">`
 	
`</HS:loginbox>`
	`<ITV:Marquee id="Laufzeile1"`
	`runat="server" text="Dies ist ein`
	`Lauftext">`
	
	`</ITV:Marquee>`

12.3 Entwicklung von User Controls

Die Implementierung eines User Controls erfolgt in einer eigenen Datei, die wie eine ASPX-Datei aufgebaut ist (einschließlich der Möglichkeit, eine Code-Behind-Datei zu verwenden), aber die Dateiextension *.ascx* trägt. Ein User Control kann beliebige Elemente enthalten: Es kann sowohl eine Menge statischer HTML-Tags sein (z.B. eine wieder verwendbare Kopf- oder Fußzeile) oder auch eine Ansammlung von Webcontrols. Damit sind User Controls auch eine Alternative zur `<#!---Include-->`-Anweisung. Ein User Control wird beim ersten Aufruf in eine separate Assembly kompiliert. Es kann eine andere Sprache verwenden als die Seite, die das User Control benutzt. Man kann ein User Control allerdings nicht einzeln aufrufen, sondern man muss es in eine andere Seite (Container-Seite) einbetten. Die Container-Seite kann auch ein User Control sein.

.ascx

Unterschiede zum Webform

Ein User Control unterscheidet sich durch folgende Punkte von einem Webform:

1. Die Dateiextension ist *.ascx*.

ascx

2. An die Stelle der `@Page`-Direktive tritt die `@Control`-Direktive:

@Control

```
<%@ Control Language="vb" AutoEventWireup="false"
Codebehind="LoginBox.ascx.vb" Inherits="wf.LoginBox"
TargetSchema="HTTP://schemas.microsoft.com/intellisense/ie5" %>
```

3. Die Code-Behind-Datei erbt nicht von `Page`, sondern von `System.Web.UI.UserControl`.

UserControl

Datenübergabe an das User Control

Von der Container-Seite aus kann man auf alle öffentlichen Attribute und Methoden des User Controls zugreifen – das gilt auch für die in dem User Control enthaltenen Webcontrols, sofern diese in der Code-Behind-Klasse als Public deklariert wurden. Der Zugriff ist nicht nur aus dem Programmcode möglich; auch können in dem Steuerelement Attribute des User Controls deklarativ gesetzt werden.

Ereignisse Außerdem kann das User Control Ereignisse definieren, auf die die Container-Seite reagieren kann. Wichtig ist dabei aber, die Ereigniskette zu beachten: Die Ereignisbehandlungsroutinen innerhalb eines User Controls werden auch aufgerufen, wenn das User Control durch die Container-Seite unsichtbar gemacht wurde.

Unterstützung im Designer

Ein User Control kann in Visual Studio .NET per Drag&Drop in ein Webform eingebaut werden.

Tücken des Visual Studio .NET Designers Leider vergisst der Visual Studio .NET-Designer beim Drag&Drop eines User Controls auf ein Webform, eine Variable für das User Control in der Code-Behind-Klasse zu deklarieren. Dies müssen Sie also manuell erledigen.

```
Protected WithEvents login As wf.LoginBox
```

Praxisbeispiel: LoginBox-Control

Ein Beispiel für die Verwendung von User Controls finden Sie in den Code-Beispielen auf der Website zu diesem Buch (*http://www.dotnet-essentials.de*). In dem Beispiel gibt es ein User Control `LoginBox`, das nach einer erfolgreichen Authentifizierung ein anderes Aussehen annimmt und die Abmeldung ermöglicht (siehe nachfolgende Abbildung).

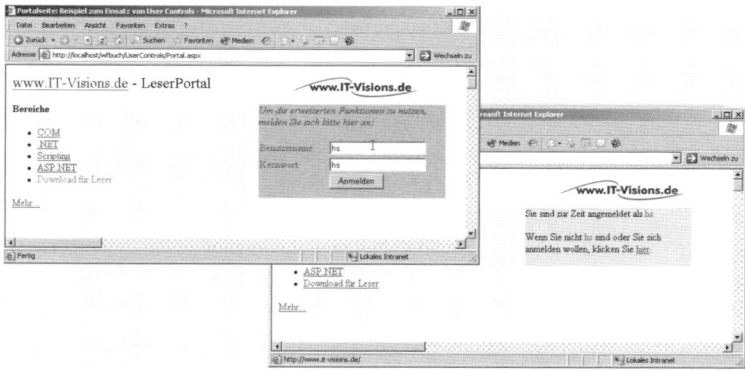

Abbildung 12.2: Beispiel Portal.aspx

Das User Control LoginBox bietet zwei öffentliche Attribute und ein Ereignis an, die der Information des Containers dienen: **Implementierung**

```
Public Authentifiziert As Boolean
Public Benutzername As String
Public Event Anmeldung(ByVal sender As Object, ByVal e As
AnmeldeDaten)
```

Den Kern der Implementierung des Anmeldevorgangs zeigt das folgende Listing.

```
Private Sub B_Anmelden_Click(ByVal sender As System.Object, ByVal e As
System.EventArgs) Handles B_Anmelden.Click
' nur zur DEMO: Anmeldung mit Benutzer = Kennwort
    If F_Benutzername.Text = F_Kennwort.Text Then
      C_Fehlermeldung.Visible = False
      Benutzername = F_Benutzername.Text
      ' Ereignis auslösen
      Dim amd As New AnmeldeDaten()
      amd.benutzername = F_Benutzername.Text
      RaiseEvent anmeldung(Me, amd)
    Else ' Fehlerhafte Anmeldung
      Benutzername = ""
      C_Fehlermeldung.Visible = True
    End If
    Session("Benutzername") = Benutzername
    anzeige()
End Sub
```

Listing 12.1: Ausschnitt aus Loginbox.aspc.vb

Einbindung des User Controls

In der Container-Seite muss das LoginBox-Control registriert und an die gewünschte Stelle eingebaut werden:

```
<%@ Register TagPrefix="HS" TagName="LoginBox" Src="Elemente/
LoginBox.ascx" %>...
<HS:loginbox id="login" runat="server">
</HS:loginbox>
```

Listing 12.2: Ausschnitt aus [Portal.aspx]

Der Container hat keine weiteren Verpflichtungen. Er kann an den gewünschten Stellen den aktuellen Zustand der LoginBox abfragen bzw. auf das Anmelden-Ereignis reagieren. In diesem Fall wird der Benutzer nach der Anmeldung von einer Dialogbox (clientseitiges VBScript) begrüßt.

```
' === Reaktion auf erfolgte Anmeldung
Private Sub lb_anmeldung(ByVal sender As System.Object, ByVal e As
wf.AnmeldeDaten) Handles login.anmeldung
    Response.Write("<script language='vbscript'> msgbox ""Hallo " &
    e.benutzername & """ </script>")
End Sub


' === Veränderung des GUIs gemäß Anmeldezustand
Private Sub C_Download_PreRender(ByVal sender As Object, ByVal e As
System.EventArgs) Handles C_Download.PreRender
    C_Download.Enabled = login.Authentifiziert
End Sub
```

Listing 12.3: Ausschnitt aus Portal.aspx.vb

12.4 Entwicklung von Custom Controls

Im Gegensatz zu einem User Control wird ein Custom Control in einem eigenen Projekt entwickelt. Visual Studio .NET enthält einen Projekttyp »Websteuerelement-Bibliothek«, der eine Schablone für ein Direct Control bereitstellt.

Praxisbeispiel: Marquee-Control

Marquee-Control

Das folgende Listing zeigt die Umsetzung des HTML-Tags <Marquee> in Form eines Direct Controls. Das Marquee-Control bietet über das Attribut Text die Möglichkeit, den Inhalt des Laufbands zu beeinflussen. Die Ausgabe wird durch die Render()-Methode festgelegt.

```
Imports System.ComponentModel
Imports System.Web.UI
Namespace DE.ITVisions.WebControls
<DefaultProperty("Text"), ToolboxData("<{0}: Marquee
runat=server></{0}:Marquee>")> Public Class Marquee
Inherits System.Web.UI.WebControls.WebControl
  Dim _text As String
  <Bindable(True), Category("Appearance"), DefaultValue("")>
  Property Text() As String
   Get
    Return _text
   End Get
   Set(ByVal Value As String)
    _text = Value
   End Set
  End Property
  Protected Overrides Sub Render(ByVal output As
System.Web.UI.HtmlTextWriter)
     output.Write("<marquee>" & Text & "</marquee>")
  End Sub
```

```
    End Class
    End Namespace
```

Listing 12.4: Implementierung eines <marquee>-Tags als Direct Control in
WF_CustomControl/DE.ITVisions.WebControls.sln

Nutzung des Custom Controls

Die Nutzung des oben erzeugten Custom Controls gleicht sehr der
Nutzung eines User Controls. In der @Register-Seitendirektive muss der
Name der Assembly angegeben werden. Die Assembly muss entweder
im /bin-Verzeichnis der Webanwendung liegen oder aber im Global
Assembly Cache (GAC).

Nutzung des Marquee-Controls

```
<%@ Page Language="vb" AutoEventWireup="false"
Codebehind="CustomControl_Test.aspx.vb"
Inherits="wf.CustomControl_Test"%>
<%@ Register TagPrefix="ITV" Namespace="DE.ITVisions.WebControls"
Assembly="DE.ITVisions.WebControls" %>
...
<form id="Form1" method="post" runat="server">
<ITV:Marquee id="Laufzeile1" runat="server"
text="Dies ist ein Lauftext"></ITV:Marquee>
</form>
...
```

Listing 12.5: Nutzung des Marquee-Controls in CustomControls/
CustomControl_Test.aspx

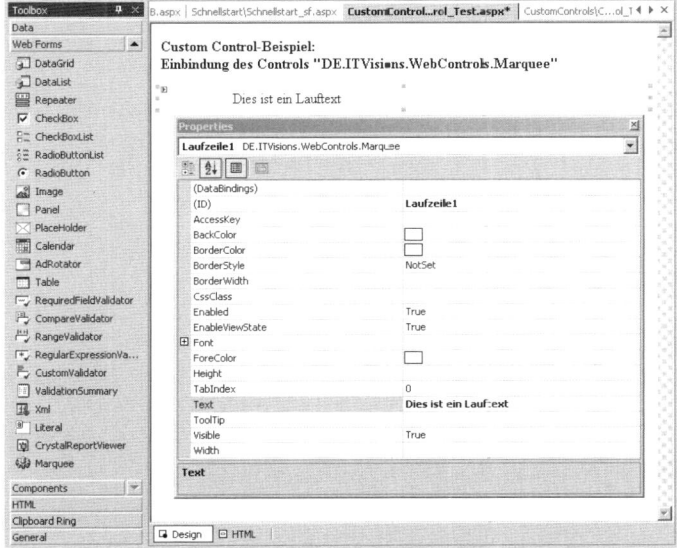

Abbildung 12.3: Das Marquee-Control im Designer in Visual Studio .NET

Designer-Unterstützung   Ein Custom Control besitzt automatisch Unterstützung für den Visual Studio .NET-Webseiten-Designer. Durch Meta-Attribute im Quellcode des Custom Controls wird das Verhalten im Designer festgelegt. Die Aufnahme in die Toolbox muss allerdings manuell erfolgen und nach einer Namensänderung des Controls auch neu durchgeführt werden. Die zahlreichen Attribute, die das Eigenschaftsfenster zeigt, hat das Custom Control von der Oberklasse `Webcontrol` geerbt.

13 Weitere Möglichkeiten in Webforms

Jetzt sind Sie leider schon fast am Ende dieses Buchs angekommen. ASP.NET-Webforms bieten noch etliche Möglichkeiten mehr – dieses Kapitel erwähnt einige davon. Sie finden Beispiele dazu in den Webanwendungen zu diesem Buch.

13.1 Sicherheitskonfiguration

ASP.NET verwendet ein vom IIS unabhängiges Sicherheitssystem, das über die *web.config*-Datei eingestellt werden kann. Hier können die zugriffsberechtigten Benutzer und Benutzergruppen (<authorization>), die erlaubten Authentifizierungsmethoden (<authentication>) und die Identität (<identity>), unter der die Webanwendungen ausgeführt werden soll, festgelegt werden.

Formularbasierte Authentifizierung

ASP.NET bietet eine Unterstützung für benutzerdefinierte HTML-Anmeldeseiten. In der *web.config*-Datei kann festgelegt werden, dass zur Authentifizierung ein bestimmtes Webform aufgerufen werden soll. Innerhalb des Webforms kann dann nach erfolgter Authentifizierung ein Rücksprung zur aufrufenden Seite ausgelöst werden.

Formularbasierte Authentifizierung

```
<authentication mode="Forms">
<forms name="WFBUCHLogin" path="/" loginUrl="/wfbuch/Sicherheit/
LoginForm.aspx" protection="All" timeout="30">
</forms>
```

Listing 13.1: Festlegung der Authentifizierungsseite in der web.config-Datei

```
Private Sub C_Anmelden_Click(ByVal sender As System.Object, ByVal e As
System.EventArgs) Handles C_Anmelden.Click
    If C_Name.Text = C_Kennwort.Text Then
    FormsAuthentication.RedirectFromLoginPage(C_Name.Text, False)
    Else
      C_Meldung.Text = "Falsche Anmeldung!"
    End If
End Sub
```

Listing 13.2: Authentifizierung und Rücksprung zur Aufruf-Seite

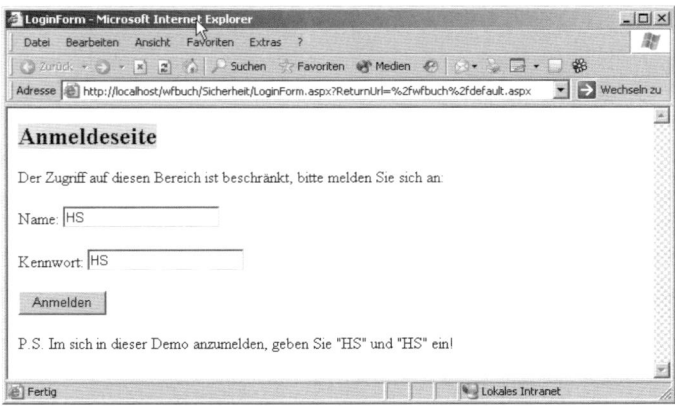

Abbildung 13.1: Das Authentifizierungs-Formular

Der Client erhält ein Cookie, um auf Folgeseiten die Einblendung des Authentifizierungs-Formulars zu vermeiden. Durch das Attribut `pro-tection="All"` kann das Cookie verschlüsselt werden.

FormsAuthentication Die Klasse `FormsAuthentication` ist im Namespace `System.Web.Security` implementiert und bietet einige statische Methoden an. Neben `RedirectFromLoginPage()` kann man mit `SetAuthCookie()` das Cookie setzen, ohne zur Aufruf-Seite weiterzuleiten. `GetRedirectUrl()` ermittelt den URL der Aufruf-Seite. `SignOut()` löscht das Cookie.

13.2 Server Side Includes

ASP.NET unterstützt weiterhin Server Side Includes (SSI).

Dateien einbinden Die im klassischen ASP viel verwendete `#Include`-Anweisung steht auch in ASP.NET noch zur Verfügung, um den Quellcode einer ASPX-Seite in eine andere einzubinden.

```
<!-- #Include File="datei.aspx" -->
```

Serverseitige Kommentare Auch serverseitige Kommentare, die nicht an den Client übermittelt werden, sind weiterhin möglich.

```
<%-- Kommentartext --%>
```

13.3 Lokalisierung

UserLanguages Es ist sinnvoll, für lokalisierte Ausgaben die Sprache des Webclients zu ermitteln. Sie können mit `Request.UserLanguages` auf die Liste der im Browser eingestellten Sprachen zugreifen. Position 0 in der Liste ist die bevorzugte Sprache.

Im folgenden Beispiel wird das Datum erst in der Sprache des Servers, dann in der präferierten Sprache des Clients ausgegeben. Danach wird eine Liste aller im Client eingestellten Sprachen ausgegeben.

```
Private Sub Page_Load(ByVal sender As System.Object, ByVal e As
System.EventArgs) Handles MyBase.Load
    out("Der Server verwendet folgence Sprache:" & _
        Thread.CurrentThread.CurrentCulture.ToString)
    out("Datum im Format des Servers: " & DateTime.Now)
    out("Der Benutzer verwendet folgende Sprache:" & _
        Request.UserLanguages(0).ToString)
    Thread.CurrentThread.CurrentCulture = _
        CultureInfo.CreateSpecificCulture(Request.UserLanguages(0))
    out("Datum im Format des Clients: " & DateTime.Now)
    out("<hr>")
    out("Liste aller Browser-Sprachen:")
    Dim s As Object
    For Each s In Request.UserLanguages
        out(s)
    Next
End Sub
```

Listing 13.3: Weitere Möglichkeiten/Lokalisierung.aspx

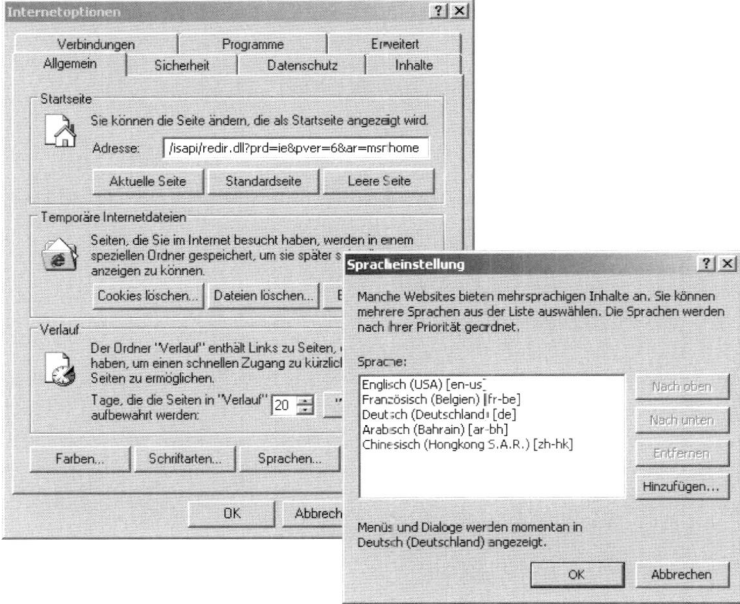

Abbildung 13.2: Einstellung der Browser-Sprache im Internet Explorer 6.0

Spracheinstellungen im Internet Explorer Die folgende Abbildung zeigt, wie Sie die Spracheinstellungen im Internet Explorer 6.0 ändern. Wenn Sie bei der Ausführung der obigen Webseite feststellen, dass die Sprache des Servers Ihrer Spracheinstellung entspricht, dann sollten Sie zu Testzwecken die Sprache Ihres Browsers ändern. Diese Änderung hat keine Auswirkungen auf die Spracheinstellung Ihres Windows-Desktops.

Beispiel Die folgende Abbildung zeigt die generierte Webseite für obige Einstellungen. Der Wert nach `q=` entspricht der Position in der Sprachliste.

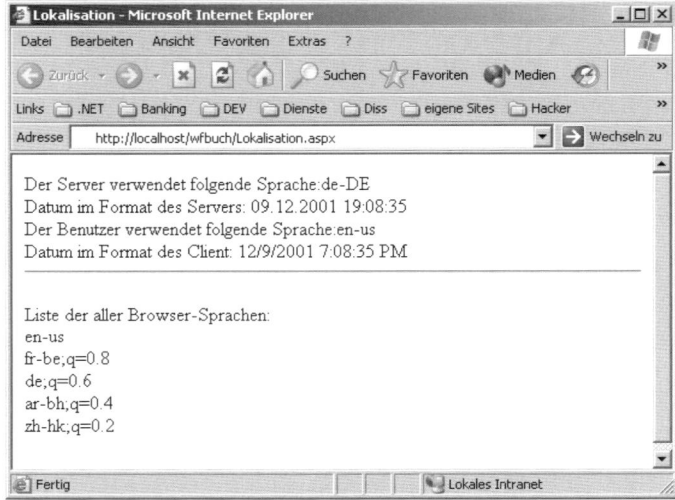

Abbildung 13.3: Ausgabe von lokalisation.aspx

Auch Webcontrols können sich diese Informationen zunutze machen, um sprachspezifische Ausgaben zu erzeugen.

13.4 E-Mails senden

System.Web.Mail Das Versenden von E-Mails aus serverseitigen Webanwendungen ist eine typische Aufgabe – egal ob zur Kommunikation mit dem Nutzer oder mit Backend-Systemen. Die Framework Class Library bietet dafür die Klassen `MailMessage`, `MailAttachment` und `SmtpMail` im Namespace `System.Web.Mail`. Diese Klassen greifen auf eine COM-Komponente, die Collaboration Data Objects for Windows 2000 (CDOSYS), zurück. `SmtpMail` bietet nur ein statisches Attribut `SmtpServer` und eine statische Methode `Send(MailMessage-Objekt)`.

Praxisbeispiel Das folgende Praxisbeispiel sendet aus der globalen Ereignisbehandlungsroutine `Application_Start()` jedes Mal eine E-Mail, wenn die Webanwendung gestartet wird.

```
Sub Application_Start(ByVal sender As Object, ByVal e As EventArgs)
    ' --- Mailobject erstellen
    Dim o As New System.Web.Mail.MailMessage()
    o.From = "server@IT-Visions.de"
    o.To = "hs@mars.IT-Visions.de"
    o.Subject = "Statusnachricht"
    o.Body = "Webanwendung wurde neu gestartet: " & DateTime.Now
    o.Priority = Mail.MailPriority.High
    ' --- Server wählen und absenden
    System.Web.Mail.SmtpMail.SmtpServer = "mars"
    System.Web.Mail.SmtpMail.Send(o)
End Sub
```

Listing 13.4: Ausschnitt aus der Global.asax-Datei der Webanwendung »WFBuch«

13.5 Grafiken dynamisch erzeugen

Auch für die dynamische Erzeugung von Grafiken haben wir in diesem Buch keinen Platz. Dass dies unter .NET grundsätzlich einfach möglich ist, soll aber erwähnt sein. Der Namespace System.Drawing bietet Ihnen die notwendigen Klassen, insbesondere die Klasse Bitmap, mit der Sie eine Grafik erstellen und durch die Klasse Graphics bearbeiten können (z.B. DrawLine(), FillRectangle(), DrawString(), FillRegion()).

System.Drawing

Abbildung 13.4: Seite zur Erzeugung der dynamischen Grafik

Praxisbeispiel   Unter dem Titel »Namensschildgenerator« erzeugt das nachstehende Listing aus einem übergebener Zeichenkette und einer auf dem Webserver gespeicherten *.jpg*-Datei eine neue *.jpg*-Datei mit farbigem Hintergund.

Listing   Um für die erzeugte Grafik einen eindeutigen Namen zu erhalten, wird die aktuelle Session-ID (`Session.SessionID`) als Dateiname für die Grafik verwendet. Die Datei wird im Dateisystem abgelegt und danach dem `Image`-Webcontrol als `ImageUrl` zugewiesen.

```
Private Sub Page_Load(ByVal sender As System.Object, ByVal e As
System.EventArgs) Handles MyBase.Load
    ' --- neue Grafik anleegen
    Dim bmp As New Bitmap(300, 160, PixelFormat.Format24bppRgb)
    Dim g As Graphics = Graphics.FromImage(bmp)
    ' --- Grafik füllen
    g.Clear(Color.Azure)
    Dim logo As New Bitmap(Server.MapPath("itvisions.jpg"))
    g.DrawLine(New Pen(Color.Blue, 3), 20, 20, 280, 20)
    g.DrawLine(New Pen(Color.Blue, 3), 20, 140, 280, 140)
    g.DrawImage(logo, New PointF(20, 40))
    g.DrawString(C_Name.Text, _
    New Font("Tahoma", 12, FontStyle.Bold), _
    SystemBrushes.WindowText, New PointF(20, 100))
    ' --- Grafik im Dateisystem speichern
    Dim pfad = "Grafikspeicher\" & Session.SessionID & ".jpg"
    Trace.Write(Server.MapPath(pfad))
    bmp.Save(Server.MapPath(pfad), ImageFormat.Jpeg)
    ' -- Grafik zuweisen
    C_Grafik.ImageUrl = pfad
    C_GrafikLink.NavigateUrl = pfad
End Sub
```

Listing 13.5: Weitere Möglichkeiten/Dynamische Grafiken.aspx

   Weitere Informationen über dynamischen Erzeugung von Grafiken finden Sie im folgenden .NET Essentials-Band: [DIE02].

13.6 Caching

Caching   ASP.NET unterstützt zwei Formen von Caching zur Erhöhung der Performance von Webseiten: das programmatische Caching mit der `Cache`-Collection und das deklarative Seiten-Caching.

Die Cache-Collection

Cache-Collection   Die `Cache`-Collection dient ähnlich wie die `Application`-Collection der Speicherung von sitzungsübergreifenden Werten. Im Gegensatz zur

Application-Collection kann in der Cache-Collection jedoch eine Verfalls-
bedingung festgelegt werden. Zum Beispiel definiert der folgende Ausdruck, dass die über Cache("VARNAME") zugängliche Variable nur fünf
Sekunden lang gültig ist. Danach wird sie gelöscht.

```
Cache.Insert("VARNAME", "WERT", Nothing,
DateTime.Now.AddSeconds(5), TimeSpan.Zero)
```

Seiten-Caching

Die Seitendirektive @OutputCache sorgt dafür, dass der generierte HTML-
Code nach dem Versenden an den Client nicht verworfen wird, sondern
eine definierbare Zeitlang im Speicher vorgehalten wird zur Beantwor-
tung gleicher Anfragen. Wann zwei Anfragen gleich sind, kann dabei
ebenfalls definiert werden. So kann beispielsweise festgelegt werden,
dass zwei unterschiedliche Browser bzw. Browserversionen nicht die
gleiche Seite erhalten oder dass die übergebenen Parameter berücksichtigt werden.

Zwischenspeicherung

Die folgende Deklaration legt fest, dass die Seite 60 Sekunden lang im
Cache gehalten werden kann, dass die übergebenen Parameter Einfluss
auf den Seiteninhalt haben (die Seiten also für jede Parameterkombina-
tion einzeln gecached werden) und dass es auch für jeden Browsertyp
eine eigene Seite gibt.

```
<%@ OutputCache Duration="60"
VaryByParam="*" VaryByCustom="browser" %>
```

> Das partielle Caching einer Seite ist möglich durch Verwendung von
> User Controls, für die unabhängig die @OutputCache-Direktive gesetzt
> werden kann.

13.7 Internet Explorer Webcontrols

Die Microsoft Internet Explorer Webcontrols Version 1.0 sind eine kos-
tenlose Ergänzung zu ASP.NET. Dieses Add-on enthält einige komple-
xere Steuerelemente: TreeView, ToolBar, TabControl und Multipage. Diese
Steuerelemente bilden den Namespace Microsoft.Web.UI.WebControls
und arbeiten in neueren Browsern viel mit Dynamic HTML. Für die
komfortable Nutzung in Visual Studio .NET wird eine entsprechende
Designer-Unterstützung bereitgestellt. Diese Steuerelemente vereinfachen sehr viele bislang aufwendige Programmieraufgaben.

Beispiel

> Das Beispiel aus der folgenden Abbildung finden Sie im Quellcode
> zu diesem Buch unter *Weitere Möglichkeiten/IEControl.aspx*.

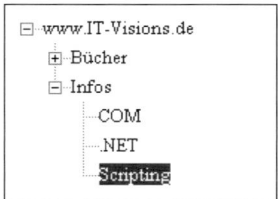

Abbildung 13.5: Das Treeview-Contro

13.8 Mobile Controls

Mobile Endgeräte

Mobile Controls sind Webcontrols zur Gestaltung von Webseiten für mobile Endgeräte wie Handys und Personal Digital Assistants (PDAs). Mobile Controls erzeugen geräteabhängig Wireless Markup Language (WML), Compact HTML (CHTML) oder HTML.

MIT

Microsoft stellt zahlreiche Mobile Controls bereit als kostenloses Add-on zum .NET Framework in Form des Mobile Internet Toolkits (MIT). Diese Controls bilden den Namespace `System.Web.UI.MobileControls`. Das MIT enthält auch einen passenden Mobile Internet Designer für Visual Studio .NET.

A Anhang

A.1 Hinweise zum Programmcode

Den Programmcode aus diesem Buch können Sie auf folgender Website herunterladen: *http://www.dotnet-essentials.de*

Webseite

Der in diesem Buch beschriebene Programmcode bildet eine Webanwendung mit dem Namen »WFBuch«. »WFBuch« ist keine zusammenhängende Anwendung, sondern eine didaktisch aufbereitete Sammlung einzelner Praxisbeispiele, die Ihnen ausgewählte Funktionen von ASP.NET zeigt.

WFBuch

Das Custom Control aus Kapitel 14.4 ist auf *http://www.dotnet-essentials.de* als eigenes Projekt mit Namen [WF_CustomControl/DE.ITVisions.WebControls.sln] verfügbar.

WF_CustomControl

Bei diesem Icon finden Sie einen Tipp, wie Sie sich die Arbeit erleichtern können. Auch wenn vieles in ASP.NET einfacher und reibungsloser funktioniert, gibt es doch ein paar Hürden, die Sie mit diesen Tipps leichter nehmen können.

Die Absätze bei diesem Icon enthalten besonders wichtige Informationen zum Thema. Sie finde hier Hinweise auf nützliche Tools, Konfigurationsfallen und ähnliches.

A.2 Literaturverzeichnis

[BAY02] Bayer, J.: Internet-Programmierung mit ASP und ASP.NET. München: Addison-Wesley, 2002.

[DIE02] Diehl, E; Ehrenberg, T.: GDI+. Grafikprogrammierung (.NET Essentials). München: Addison-Wesley, 2002.

[HAN02] Hanisch, A.: XML mit .NET-Programmierung und Basisklassen (.NET Essentials). München: Addison-Wesley, 2002.

[SCH02a] Schwichtenberg, H., Eller, F.: Programmierung mit der .NET-Klassenbibliothek. München: Addison-Wesley, 2002.

[SCH02b] Schwichtenberg, H.: Microsoft ASP.NET – Das Entwicklerbuch. München: Microsoft Press, 2002.

[WES02a] Westphal, R.: .NET kompakt. Heidelberg, Berlin: Spectrum Akad. Verlag, 2002.

[WES02b]   Westphal,   R.:   ADO.NET.   Datenbankprogrammierung (.NET Essentials). München: Addison-Wesley, 2002.

[WEY02]   Weyer,   C.:   XML   Web   Service-Anwendungen   mit Microsoft .NET. München: Addison-Wesley, 2002.

WWW-Links

Es gibt zahlreiche Communities zu ASP.NET mit interessanten Artikeln und Beispielen.

Englisch	Deutsch
http://www.123aspx.com	http://www.aspnetdev.de
http://www.aspng.com	http://www.aspheute.de
http://www.asptoday.com	http://www.devtrain.de
http://www.aspx101.net	
http://www.4guysfromrolla.com	
http://www.asp101.com/aspplus	
http://www.15seconds.com	

Die Website *www.asp.net* wird von Microsoft selbst betrieben und enthält zahlreiche Links zu Communities, Anwendern, Webhostern und Veröffentlichungen.

Stichwortverzeichnis

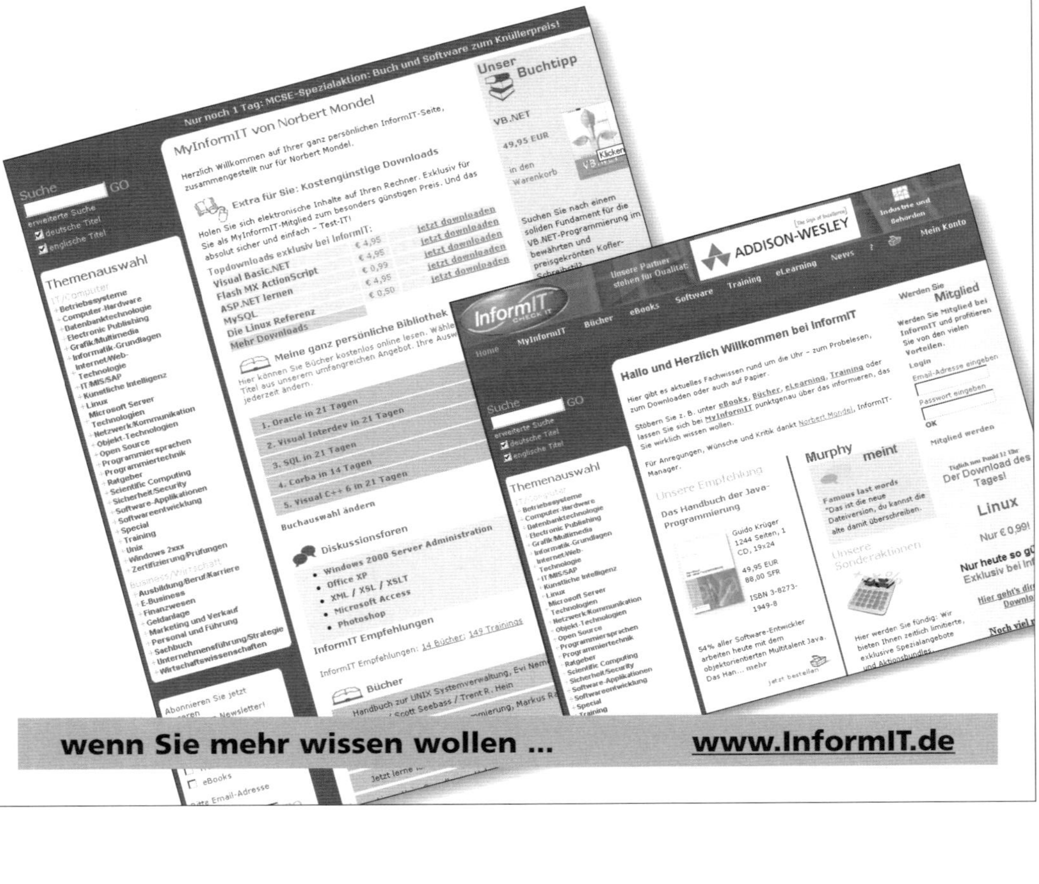